MAINE
VERMONT
NEW HAMPSHIRE
MASSACHUSETTS
RHODE ISLAND
CONNECTICUT
NEW YORK
NEW JERSEY
PENNSYLVANIA
MARYLAND
DELAWARE
MINNESOTA
WISCONSIN
MICHIGAN
IOWA
ILLINOIS
INDIANA
OHIO
WEST VIRGINIA
VIRGINIA
KANSAS
MISSOURI
KENTUCKY
NORTH CAROLINA
TENNESSEE
OKLAHOMA
ARKANSAS
SOUTH CAROLINA
MISSISSIPPI
ALABAMA
GEORGIA
LOUISIANA
FLORIDA

TRAUMZIEL AMERIKA

ALASKA

Als ich noch ein kleines Mädchen war, spielte ich einmal in der Hütte meines Vaters. Ich war ganz allein, denn die Männer jagten irgendwo und die Frauen und Kinder schleppten Fleisch herbei. Plötzlich steckte ein großer Bär seinen Kopf bei der Tür herein. Er schien ausgehungert zu sein, denn er brummte bedrohlich. Zum Glück kam gerade mein Bruder mit dem Fleischschlitten herein. Mit einem brennenden Scheit schlug er den Bären auf die Schnauze, und die Hunde, die sich vom Schlitten losrissen, stürzten sich auf das Tier. Es kam zu einem großen Kampf, verbunden mit einem großen Lärm.

Jack London, Goldsucher

Im Denali National Park: Über den bewaldeten Höhen am Wonder Lake erhebt sich die Alaska Range. Rechts im Bild eine Lodge für Besucher.

Beim Rundflug über den Denali National Park eröffnen sich grandiose Blicke auf die Eisriesen der Alaska Range.

Nur ein Motorboot durchbricht die Stille am Deadman Lake nahe Tetlin Junction. Die Gipfel der Wrangell Mountains leuchten am Horizont.

EDITION USA

ALASKA

PIONIERLAND AM POLARKREIS

Fotos Christian Heeb
Text Dieter Kreutzkamp

BUCHER

INHALT

PLANEN · REISEN · GENIESSEN

Großer Reiseführer von *Dieter Kreutzkamp* mit praktischen Tips für einen erlebnisreichen Urlaub und vielen Informationen über die touristischen Highlights in Alaska. Mit fünf Farbkarten.

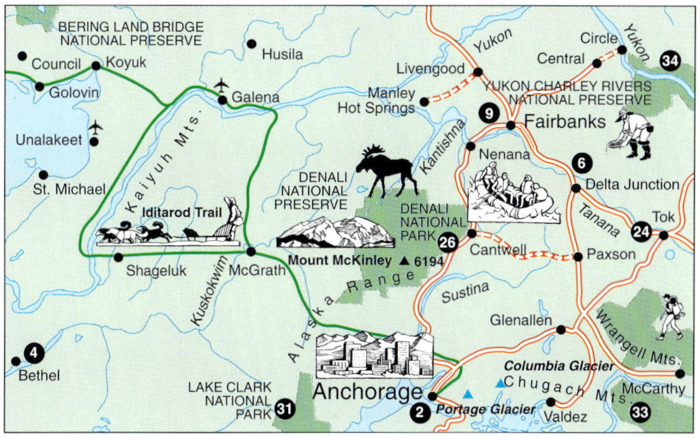

Links: Der Grizzlybär läßt sich nicht beim Bad stören.
Mitte: Mit dem Wohnmobil über den Elliott Highway.
Rechts: Eisige Barttracht nach einer Hundeschlittenfahrt.

Im Frühherbst überzieht der Indian Summer Alaskas Wälder mit einer bunten Palette leuchtender Farben.

Von Bartlett Cove aus lassen sich die feuchten Urwälder des Glacier Bay National Park and Preserve erkunden.

DER TRAUM VON DER FREIHEIT

Die junge Alaskanerin ist in eine reichverzierte traditionelle Tracht der Küstenindianer gekleidet.

Mit einer ausholenden Handbewegung zeigt Donna Gates über das weite Land unter dem tiefblauen Himmel: «Deswegen kam ich nach Alaska...»

Der Boden duftet schwer nach feuchtem Moos. Von den Zweigen der nur gut mannshohen Fichten hängen wie graue Bärte dünne Flechten. Kaum mehr als einen Steinwurf von der Bilderbuchlandschaft des Denali National Park entfernt, duckt sich ihr hübsches Holzhaus in eine Landschaft, die man getrost als Urwildnis bezeichnen kann. Doch Donna beruhigt: «Keine Angst vor Grizzlies. Im Sommer schlagen sie sich die Bäuche mit Lachs voll, und ab November liegen sie auf der Bärenhaut.»

Für die Malerin Donna Gates und ihren Mann, den Schlittenhunde-Champion Jeff King, wurde Alaska wie für viele andere auch zur Endstation ihrer Sehnsucht. «Geboren bin ich in Chicago, aufgewachsen im Staat New York», erinnert sie sich. Sie kam nach Alaska, um als Nationalpark-Ranger zu arbeiten. Ein oder zwei Jahre waren geplant. Das Land ließ sie nicht wieder los. Sie griff zum Pinsel und verarbeitete die Landschaft, die Tiere und Menschen in Gemälden. Der «American dream», die amerikanische Sehnsucht nach dem neuen Land hinter dem nächsten Hügel, der eine ganze Nation schon vor 150 Jahren in Planwagen und Sätteln in den Westen gelockt hatte, wurde auch Donnas Realität.

Andere Maler hätten wohl ebenso ihre Freude an der Lage von Donnas Haus. Da steht es auf einem kleinen Hügel, von dem aus der Blick weit über die Berge der Alaska Range streift. Unterhalb des Gebäudes klatscht träge das Wasser des Goose Lake gegen die Ufer. Ein idyllischer Eindruck. Doch dies ist ein Land der Extreme. Bitterkalt sind die Winter, so streng, daß das Gas draußen in der Flasche gefriert, so eisig, daß schon mal der Motorblock des Autos reißt, wenn er nicht vor dem Starten erwärmt wird. Und im Sommer kommt es vor, daß blutrünstige Moskitos zu Hunderten über einen herfallen. Und doch – als irgendwann die Frage kam, ob sie vielleicht eines Tages nach Chicago zurückziehen werde, hat Donna nur schallend gelacht.

«NORTH TO THE FUTURE»

Drehte Rußland heute das Rad der Geschichte zurück, würde der Kreml sicherlich einen der größten außenpolitischen Fehler der russischen Geschichte ausmerzen. Da das nicht geht, bleibt Alaska US-amerikanisch. Mögen Historiker darüber spekulieren, was geschehen wäre, wenn nicht 1867 der russische Gesandte Baron von Stoeckel und der amerikanische Außenminister Seward den Vertragsentwurf über den Verkauf Russisch-Alaskas an die USA unterschriftsreif gemacht hätten. Auf einen in der Rückschau lächerlichen Kaufpreis von 7,2 Millionen Dollar einigte man sich damals. Das waren zwei Cent pro Acre (knapp ein halber Hektar) Land. Doch Zar Alexander II war damit zufrieden. Für ihn wurde Alaska zuneh-

Im Herbst bietet Haines in Südostalaska ein einmaliges Schauspiel: Mehr als 3000 Weißkopfseeadler versammeln sich an den Flüssen der Umgebung, um die letzten Lachsschwärme des Jahres zu bejagen.

Gewaltige Gletscher, die direkt ins Wasser münden, findet man in Südalaska häufig. Im Bild die blauschimmernden Massen des Northwestern Glacier im Kenai Fjords National Park.

mend zum Klotz am Bein. Der gnadenlose Raubbau an den Pelztierbeständen während der 126jährigen russischen Herrschaft zeigte inzwischen böse Folgen, woraufhin die Aktien der Russisch-Amerikanischen Pelzhandelsgesellschaft auf einen Tiefststand fielen.

«Rußland hat uns eine ausgelutschte Orange verkauft», kommentierte die «New York World» dann auch das Geschäft. Der Erwerb Alaskas wurde damals ebenso abgelehnt wie man den Initiator, Außenminister Seward, schmähte. «Seward's Dummheit» nannte man das Land, und «Seward's Icebox». Nun, 1867 war schwerlich zu ahnen, daß sich 130 Jahre später allein die jährlichen Steuereinnahmen aus dem alaskanischen Erdölgeschäft auf mehr als zwei Milliarden Dollar belaufen würden. Von wegen ausgelutschte Orange...

Vom Ausflugsboot aus kann man aus sicherer Entfernung den Margerie Glacier beobachten, einen von 16 Gletschern, die sich in die Glacier Bay ergießen.

Alle, die nach Alaska kamen, sogen das Land aus, daran hat sich bis heute wenig geändert; nach den russischen Pelzhändlern waren es amerikanische Walfänger, die die Riesensäuger vor den Küsten nahezu ausrotteten, und Goldsucher aus aller Welt beuteten die Edelmetallvorkommen aus. 1974 wiederholte sich der Rausch von 1898 – seitdem läuft das «schwarze» Gold vom Rand des Beaufortmeers über die Alaska Pipeline bis in die Tanks amerikanischer Straßenkreuzer.

Doch seit der Öffnung des Alaska Highway für private Zwecke begannen Reisende in Alaska zunehmend auch andere Schätze zu suchen: intakte Natur, Einsamkeit und Landschaftsformen, die seit den Tagen der Schöpfung unberührt scheinen.

Alaska ist die Krönung nordamerikanischer Naturwunder; in den Wrangell-St. Elias Mountains gibt es die größten Inlandgletscher des Kontinents; 6194 Meter über dem Meeresspiegel reckt der Mount McKinley seinen eisgepanzerten Gipfel aus den Bergspitzen der Alaska Range

Wer es abenteuerlich mag, erkundet mit dem Segelboot oder einem Kajak die faszinierende Szenerie von Alaskas Südküste. Im Hintergrund die Ausläufer des Kenai Fjords National Park.

in den Himmel. Hier gibt es Tundren, Taiga, Sanddünen, Gletscher, die größten Lachse und die mächtigsten Bären der Welt, Millionen Seen und ungezählte Wasserwege, von denen der Yukon River, der Tanana River und der Kuskokwim River zu den größten gehören.

The great land schwärmen Alaskaner. Es ist so großartig wie es groß ist. Dabei kann es allerdings auch abweisend sein. So empfindet man beispielsweise, wenn man an einem hochsommerlichen Julitag eisigen Regen auf den Aleuten-Inseln ins Gesicht geschleudert bekommt oder wenn tagelang Nebel über den Pribilof-Inseln den Flugverkehr lahmlegt und man auf der abgelegenen Inselgruppe festsitzt.

Alaska kann launisch sein wie ein altes Weib, aber auch lieblich, verführerisch – und heiß. Schließlich liegt die sommerliche Spitzentemperatur bei über 30 Grad Celsius. Ein Land der Extreme also – und die Menschen, die hier lange Zeit leben, werden wie das Land.

Seit in den siebziger Jahren der Erdölreichtum Alaska Aufmerksamkeit bescherte, hält sich hier beharrlich der Slogan *North to the Future* (im Norden liegt die Zukunft), der vor Jahren noch amtlicher Aufdruck auf Kfz-Nummernschildern war. Alaska verzeichnete damals einen Bevölkerungszuwachs wie seit dem Klondike-Goldrausch von 1898 nicht mehr. Wer hart zupackte, verdiente sich an der Pipeline eine goldene Nase.

Auch heute noch zieht es viele nach Alaska. Doch nur wenige hält es hier auf Dauer, so als teste das Land die Menschen: Wer durchfällt, nimmt das Rückflugticket. Weniger als ein Fünftel aller Einwohner sind *Alaskans* der zweiten Generation. Und ungeachtet aller ethnologischen und kulturellen Hintergründe zieht sich eine feine imaginäre Linie durch die Bevölkerung – trennt die, die in der Großstadt Anchorage leben, von jenen im «Busch».

Kristallene Wände aus blauem Eis schieben sich unaufhaltsam in die Glacier Bay. Immer wieder lösen sich haushohe Eismassen, hier vom Grand Pacific Glacier, und stürzen ins aufbrodelnde Wasser – der Gletscher kalbt, ein Eisberg ist geboren.

In der Tat liegen Welten zwischen dem, der mit gesichertem Regierungsjob in seinem vollklimatisierten Büro in Anchorage residiert, und dem Trapper am Yukon, der sich sein Trinkwasser aus einem Fluß schöpft.

WEITES LAND

Alles ist hier eine Nummer größer. Legte man die Karte Alaskas auf die der übrigen US-Bundesstaaten im Süden, reichten seine Grenzen von der Ostküste bis nach Seattle im Westen. Noch eindrucksvoller scheint der Vergleich mit Europa: Alaska begänne im Norden bei Oslo, grenzte im Osten an die Türkei, und im Westen reichte es weit über Lissabon hinaus in den Atlantik.

Dreizehenmöwen brüten in großen Kolonien an den steilen Klippen im Kenai Fjords National Park.

Über 10 000 Kilometer lang ist die Küste des 49. US-Bundesstaats, der am 3. Januar 1959 der amerikanischen Union beitrat. Damit ist auch die Küste länger als die aller südlichen US-Bundesstaaten zusammen.

Bis vor etwa 140 Millionen Jahren war Alaska noch von Meeren bedeckt, doch nach und nach schälten sich Landkonturen aus den Wassermassen; zunächst Südalaska, die Seward-Halbinsel, später die Gipfel der Brooks Range. Vor ungefähr 600 000 Jahren begann das Klima zu erkalten, und in der Folge bildeten sich riesige Eispanzer im Nordpolarmeer. Die Meeresspiegel sanken, allmählich wurde eine 1600 Kilometer breite Landbrücke zwischen Asien und Amerika sichtbar, dort wo heute die Beringstraße ist. Für die ersten Immigranten wurde diese Verbindung das Sprungbrett in die neue Welt. Zuerst kamen die Vorfahren der heutigen Indianer, aber auch Säugetiere wie Braunbären und Elche, Bisons, Mammuts und Mastodons.

Wolf Hebel lebt nicht weit von der Stelle entfernt, wo die Zeugen der Vergangenheit gelegentlich in die Gegenwart blinzeln. Von dem selbstgebauten Häuschen des Ex-Braunschweigers in dem 250-Seelen-Dörfchen Ruby blickt man weit über eine sanft geschwungene Biegung des Yukon River. Seit rund zwanzig Jahren lebt er am Fluß, nicht üppig und somit nicht anders als die meisten hier; in Busch-Alaska wird kaum einer reich. «Der *bone yard*, unser Knochenfriedhof der Urgeschichte, liegt nur ein paar Meilen von hier am Yukon River, an einem Steilufer, das wir ‹die Palisaden› nennen», berichtet Wolf. Schlammassen prähistorischer Flüsse mögen die Mammuts und Bisons, deren versteinerte Überreste heute dort zu finden sind, vor etwa 30 000 Jahren verschüttet haben. Die Erosion durch die Frühjahrshochwasser des Yukon legt sie nun nach und nach frei. Was immer man hier findet, man wird der erste Mensch sein, der es nach Jahrtausenden berührt.

Es ist unmöglich, in einem einzigen Jahresurlaub von sechs Wochen auch nur die wichtigsten Facetten Alaskas näher kennenzulernen. Zu gewaltig sind die Dimensionen des Landes, und die Infrastruktur befindet sich noch in den Kinderschuhen. Das gute Dutzend ausgebauter Straßen ermöglicht es allenfalls, an Alaska zu «kratzen». Noch immer erhascht der, der allein auf den Highways reist, nur einen kurzen Blick durch die lediglich einen Spalt breit geöffnete Tür. Das wahre Alaska beginnt jenseits aller Straßen.

Wie vor hundert Jahren sind Flüsse – allen voran der Yukon River – die eigentlichen Hauptrouten im Inland. In den Sommermonaten sind Boote das gängige Transportmittel, wobei das gemächliche Kanupaddel der früheren Tage längst gegen den modernen 120-PS-Motor getauscht wurde. Im Winter dagegen hat das Skidoo, der Motorschlitten, dem Hundeschlittengespann längst den Rang abgelaufen.

Jedes Jahr aufs neue, so gegen Mitte Oktober, werden die Karten Alaskas neu gezeichnet, nicht auf dem Papier, sondern auf dem Wildnisboden selbst, der nach den ersten Schneefällen zugänglich wird. Dann kriechen von den Siedlungen Pfade ins Land, folgen zugefrorenen Flüssen, überqueren Sumpf- und Tundragebiete, die im Sommer unpassierbar sind. Ab November haben die Menschen die Wintertrails fertiggestellt. Busch-Alaska rückt jetzt dichter zusammen. Und wider Erwarten sind jetzt Reisemöglichkeiten eröffnet, von denen der Sommerreisende nicht einmal zu träumen wagt.

Bis zu 30 Tonnen schwer und 15 Meter lang werden Buckelwale, die im Sommer Alaskas Küstengewässer auf der Suche nach Nahrung durchstreifen. Haben sie sich eine dicke Speckschicht angefressen, ziehen sie zum Überwintern wieder in südlichere Regionen.

Stellers Seelöwen leben auf kleinen Felsinseln und bringen dort auch ihren Nachwuchs zur Welt. Die Meeressäugetiere zählen zu den gefährdeten Arten, da ihre Population aus bisher ungeklärten Gründen stark zurückgeht.

Über dem Johns Hopkins Glacier in der Glacier Bay thront die bis über 4500 Meter aufragende Fairweather Range.

Der Seward Highway führt von Anchorage in das Städtchen Seward, ein beliebtes Ausflugsziel im Süden der Kenai Peninsula. Unterwegs hat man die unberührten Gipfel der Kenai Mountains im Bild.

Oben: Alaska bietet nicht nur Eis, Schnee und Tundra. Im Süden und Südosten finden sich intakte Küstenregenwälder, die von großen Nadelbäumen wie Sitkafichte, Westamerikanischer Hemlocktanne und Gebirgshemlocktanne dominiert werden.

Mitte und unten: Farne und Moose bilden einen dichten Unterwuchs, Flechten und Moose überziehen Stämme und Zweige.

ZÄH WIE DAS LAND – DIE MENSCHEN

Statt eines Gefrierschranks verwendet Carol Schlentner eine zwei mal zwei Meter große *Cache*, ein Blockhäuschen auf schlanken Stelzen. «Wegen der immer hungrigen Schwarzbären, die hervorragend klettern können, habe ich die Pfosten mit Blech ummantelt», erläutert sie. Bei 30 Grad minus draußen funktioniert ihr Vorratshaus so gut wie der beste 3-Sterne-Gefrierschrank.

Eigentlich wollte sie Lehrerin in New York werden. Die Abschlußzertifikate hatte sie bereits in der Tasche, als sie vor gut 25 Jahren mit ihrem Mann nach Alaska kam. «Wir bauten uns erst eine Blockhütte am Mooseheart Mountain», erinnert sie sich. Seitdem hat sie Zentralalaska nicht mehr losgelassen. Ihre Töchter sind erwachsen, von ihrem Mann trennte sie sich. Sie schlägt sich im Sommer als Lachsfängerin durch, im Winter unterrichtet sie die Vorschulkinder in der 80-Einwohner-Siedlung Manley Hot Springs. Ein ganz normales alaskanisches Schicksal soweit und ein Beispiel für das Leben vieler Weißer im Busch, das sich auf den ersten Blick kaum von dem der *Natives*, der Urbewohner, unterscheidet. Deren Urahnen waren bereits vor 5000 bis 15 000 Jahren über die Landbrücke von Asien nach Nordamerika gewandert. Man weiß wenig über sie. Auch 12 000 Jahre alte Speerspitzenfunde im Tal des Tanana River verraten kaum etwas über ihre Kultur. Die direkten Vorfahren der heutigen Indianer, Eskimo und Aleuten, erreichten Nordamerika in einer zweiten Welle vor etwa 5000 bis 10 000 Jahren. Zu Beginn unserer Zeitrechnung hatten sie fast ganz Alaska besiedelt. Die heute gültige Unterscheidung differenziert fünf Volksgruppen: die nördlichen Eskimo (sie nennen sich Inupiat), die südlichen Eskimo (die Yuit), die Inlandindianer (Athabasca-Indianer) und die Indianer der Südostküste, die Tlingit, Haida und Aleuten.

1909 war die Zahl der Urbewohner in Alaska von ursprünglich 80 000 auf 25 000 gesunken. Ursache waren unter anderem die von den Russen eingeschleppten Pocken. Ein weiterer Grund lag bei den Walfängern und Robbenschlächtern von Boston, die deren traditionelle Lebensbasis zerstörten. Überlieferte Fischfangmethoden der Indianer galten nach den Spielregeln der Neuankömmlinge als illegal, vor allem nachdem diese große Fischverarbeitungsfabriken gebaut hatten.

Doch seit den fünfziger Jahren dieses Jahrhunderts ist bei den weißen Amerikanern ein Umdenken zu beobachten. Der Staat holte die Urbewohner aus dem Randbereich heraus, verbesserte ihre Lebensverhältnisse und gestand ihnen endlich eigene Rechte zu. Die Bevölkerungszahl der Natives steigt seitdem sprunghaft an. Bei der letzten Zählung von 1990 lag sie bei 85 000. Der 1971 von Präsident Nixon unterzeichnete Alaska Native Claims

Fortsetzung Seite 29

DAS RUSSISCHE ERBE IN ALASKA

Immer wieder sieht man in Alaska Holzkirchen mit auffälligen Zwiebeltürmen und russisch-orthodoxen Kreuzen. Sie zeugen vom Einfluß der Russen, der auch heute noch festzustellen ist.

In der Kirche von Ninilchik wird heute noch der russisch-orthodoxe Ritus gepflegt.

Der russischen Vergangenheit begegnet man auf Schritt und Tritt: bei russischen Familiennamen, bei Bergen, die nach Forschern benannt wurden, welche für den Zaren die neue Welt erforschten, zum Beispiel die Wrangell Mountains. Orte wie Golowin erhielten den Namen von Russen, und der Fluß Russian River auf der Kenai-Halbinsel ist einer der begehrtesten Lachsflüsse Alaskas. Das 250 Seelen zählende Dörfchen Russian Mission liegt weit davon entfernt am Yukon River. 1851 wurde hier die erste russisch-orthodoxe Inlandmission errichtet. Noch heute steht die Kirche mit dem Zwiebelturm und den charakteristischen russisch-orthodoxen Kreuzen weithin sichtbar oberhalb des Ortes.
Immerhin, als Alaska 1867 in amerikanisches Eigentum überging, waren bereits 139 Jahre vergangen, seitdem der Däne

Vater Seraphim vom Eklutna Indian Village.

Vitus Bering für seinen Auftraggeber im fernen St. Petersburg diesen Teil der Welt gesichtet hatte. Zeit genug, um dem Land einen Stempel aufzudrücken. Bering hatte damals nach einer fast 10 000 Kilometer langen Überlandreise und dem anschließenden Schiffstörn von Sibirien aus im Jahr 1728 die an der Schwelle zu Alaska liegenden Diomede-Inseln benannt. 1741 sah Bering Alaska wieder. Auf dieser zweiten Expedition gab er unter anderem dem Mount St. Elias seinen Namen. Für Bering selbst allerdings wurde es eine Reise ohne Heimkehr. Er starb im September 1741 – von Mangelerscheinungen gezeichnet – auf der nach ihm benannten Insel.
Die Pelzschätze, die die Überlebenden seiner Expedition in St. Petersburg vorweisen konnten, wurden zur Triebfeder für den nun einsetzenden Forscher-Tourismus: 1759 erklärte der russische Kapitän Stepan Glotov die Aleuten-Inseln und das nordöstlich davon liegende Land zum Eigentum des russischen Zaren. Niemand wußte, wie weit es reichte, und niemand fragte die aleutischen Urbewohner, was sie davon hielten. Die hatten nun ihren Tribut in Form von Pelzen an einen fernen Herrscher zu entrichten. Die Russen nannten das Neuland «Alaska», ein Begriff aus der Sprache der Aleuten-Bewohner. «Alyeska» bedeutet «großes Land».
1784 wurde auf Kodiak Island das erste russisch-amerikanische Pelzhandelsimperium eröffnet. Sein Ende kam 1867 in Sitka, als nach dem Eigentumswechsel Old Glory, die amerikanische Fahne, gehißt wurde.
«Wir hassen die russischen Pelzhändler, aber wir verehren die russischen Priester und ihre Kirche», sagt Sharon Syverson, eine Aleuten-Frau aus dem Ort Unalaska, dem Zentrum der Aleuten-Inseln.
Die Pelzhändler behandelten die Ureinwohner wie Sklaven. Ganz anders die russisch-orthodoxen Priester, allen voran Ioann Veniaminov, der 1824 zum Geistlichen in Unalaska bestellt worden war. Er kämpfte für ihre Rechte, entwickelte für sie das erste Alphabet in ihrer Sprache und schrieb die Geschichte ihres Volkes nieder. Seine kirchlichen Lehrbücher werden noch heute in Alaska gelesen. Veniaminov wurde später Erzbischof von Irkutsk und dann Oberhaupt der russisch-orthodoxen Kirche. In Alaska ist er als der Heilige St. Innocent unvergessen. Dort, wo er predigte, steht heute Unalaskas eindrucksvolle, wenn auch stark restaurierungsbedürftige, hölzerne Kirche, die Church of the Holy Ascension, die «Kathedrale der Aleuten».
Russischen Bauten begegnet man nahezu überall in Alaska; in Sitka wie auf den Pribilof-Inseln, in dem in Zentralalaska gelegenen Indianerort Nikolai wie in Kenai auf der Kenai-Halbinsel. Vielleicht trifft man dort bei der renovierten Holzkirche auf Erzpriester Macarius Targonsky. Erst An-

Der Innenraum der russischen Kirche St. Peter and Paul auf St. Paul/Pribilof.

fang dieses Jahrhunderts kamen seine Eltern von Weißrußland nach Alaska. «1967», so berichtet er, «zog es wieder einmal russische Einwanderer ins Land, religiöse Traditionalisten, die ‹Old Believers›, die sich in einem völlig entlegenen Winkel der Kenai-Halbinsel niederließen und heute noch so wie vor hundert Jahren leben. Das russische Erbe lebt fort in Alaska...»

Sitka in Südostalaska kann seinen russischen Ursprung nicht leugnen. 1799 von Alexander Baranof gegründet, war es bis 1867 Hauptstadt von Russisch-Amerika. Noch heute kündet die russisch-orthodoxe St. Michael's Cathedral von dieser Zeit.

Reicher Ikonenschmuck in der russisch-orthodoxen Kirche St. Peter and Paul auf der Hauptinsel der Pribilof Islands.

In ein Originalkostüm gekleidet ist dieser Chilkat Indian Dancer in Haines. Er steht vor dem mit einer mythischen Figur bemalten Eingang zu einem Potlatch-Haus (Versammlungshaus).

Oben und unten: Alaskas Küstenindianer entwickelten ein hohes künstlerisches Niveau. In üppig verzierter Kleidung wurden anläßlich wichtiger Ereignisse Tänze aufgeführt, wie sie noch heute in Haines gezeigt werden.

Mitte: Besonders sehenswert sind die Totempfähle, für die die Indianersiedlungen des Südostens berühmt sind – sie werden immer noch kunstvoll in Handarbeit geschnitzt.

Settlement Act (ANCSA) gewährte ihnen große Land-, Jagd- und Fischfangrechte. Damals gingen 17 800 Quadratkilometer Bundesland und mehr als 962 Millionen Dollar in ihren Besitz über.

Heute drücken die Kinder von Indianern, Eskimo, Aleuten und Weißen gleichberechtigt nebeneinander die Schulbank. Doch der rasante Sprung von einer Jäger-, Fischer- und Sammlergesellschaft zur High-Tech-Society modernster amerikanischer Prägung überfordert viele. Der Alkohol ist in entlegenen Buschgemeinden ein großes Problem. Viele Ältestenräte gingen dazu über, die Einfuhr und auch das Mitbringen von *booze* (Alkohol) streng zu verbieten. Die Jugend übt sich im Spagat zwischen den Forderungen ihrer Häuptlinge nach dem Bewahren der Tradition und den Anforderungen einer modernen Gesellschaft. Viele scheitern und zerbrechen dabei. Und so wundert es kaum, daß die Selbstmordrate bei Alaskas Ureinwohnern US-weit an der Spitze liegt.

EIN SCHATZKASTEN DER NATUR

Die wieder neu aufgeflammte Diskussion über die Ausbeutung der Bodenschätze spaltet Alaskas Bewohner wie Politiker in zwei Lager: Fortschrittsgläubige contra Naturschützer. Dabei lieben beide ihre *great outdoors*, die Weite und Wildnis – der Hauptgrund dafür, weshalb die meisten überhaupt hier leben. Doch in Geldangelegenheiten lassen viele nicht mit sich spaßen und unterstützen jene, die lieber heute als morgen Bohrmaschinen und Bulldozer in das Grenzgebiet zwischen Kanada und Beaufortsee bringen würden. Hier befindet sich das gut 77 000 Quadratkilometer große Arctic National Wildlife Refuge. Nach dem Yukon Delta National Wildlife Refuge ist es das zweitgrößte Tierschutzgebiet Alaskas und der USA überhaupt, eine überaus sensible Landschaft, in der Moschusochsen, Wölfe und die 180 000 Köpfe zählende Porcupine-Karibuherde leben. Empfindsam und verletzlich ist auch die Pflanzenwelt dieser Region. Rund dreihundert Jahre benötigt ein Fichtenstamm, um einen Durchmesser von 12 Zentimetern zu erreichen, und einer der geduckten Weidensträucher hier mag hundert Jahre alt sein. Doch viele Menschen scheinen das zu verdrängen, denn hier, am Rand der Beaufortsee, nicht allzuweit von den bereits jetzt ausgebeuteten Ölfeldern bei Prudhoe Bay, liegen riesige Ölvorkommen. Und fest steht auch, daß die schwarzen Schätze von Prudhoe Bay nicht unermeßlich sind. Bereits zur nächsten Jahrhundertwende wird dort die Produktion nur noch gedrosselt gefahren werden können. Das aber heißt, den Gürtel enger schnallen, denn zur Zeit lebt es sich gut mit der jährlich ausgeschütteten Öl-Dividende von rund tausend Dollar, die sich jeder Alaskaner, egal ob Kind oder Greis, in die Tasche stecken kann.

Fortsetzung Seite 35

KODIAK ISLAND

Ein Naturparadies der Extraklasse

Für Naturfreunde ein besonderes Erlebnis ist Kodiak Island in Südalaska. Zehntausende von Meeresvögeln und die berühmten Kodiakbären tummeln sich in dem geschützten Archipel.

Sie mißt sich mit den größten Inseln der Vereinigten Staaten – mit einer Fläche von 9400 Quadratkilometern ist Kodiak Island nach Hawaii die zweitgrößte Insel der USA. Sonnendurchtränkte Strände dort, vegetationsarme, manchmal abweisende Felshänge hier. Dabei nannten die

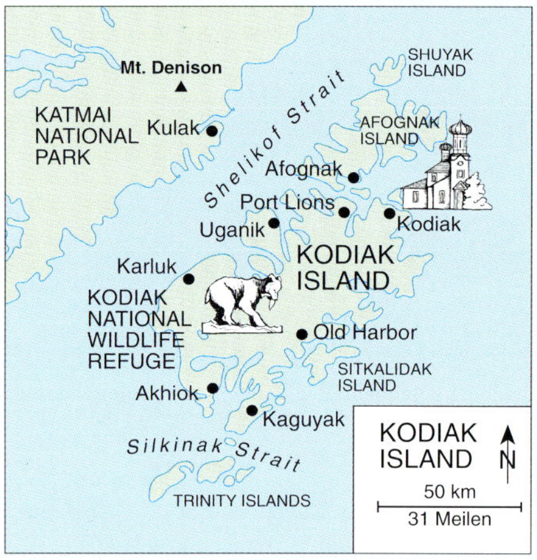

Oben: Die zweitgrößte Insel der USA. Rechts: Einsame Bucht auf Kodiak Island.

ersten spanischen Seefahrer, die 1788 hier anlandeten, die Insel «Florida Blanca».
Rund einhundert Inseln machen den Kodiak-Archipel im Süden Alaskas aus. Eine stille maritime Welt, die man am besten im Kajak erschließt. Das Meer gleißt wie flüssiges Silber, feine Nebelschwaden geben dem Bild einen verträumten Weichzeichnereffekt, lustig wirkende Papageitaucher gleiten dicht über das Wasser – und dann taucht aus der Stille des Meeres der Buckel eines riesigen Wales auf.
Auf der Insel East Amatuli – einem von vielen Vogelparadiesen – nisten im Sommer mehr als 20 000 Black-legged Kittiwakes (Dreizehenmöwen), 88 500 Common Murres (Trottellummen) und 74 000 Papageitaucher, und Marmot Island beherbergt die zweitgrößte Stellar-Seelöwen-Brutstätte auf Erden. Und dabei denkt man bei Kodiak gemeinhin nur an Bären…
Gut 3000 dieser prächtigen Inselsymbole tummeln sich allein auf der Hauptinsel Kodiak. «Bär pro Quadratmeile», so lautet die örtliche Faustformel. Das ist eine der größten Bären-Dichten, sonst nur erreicht von jener auf Admiralty Island in Südostalaska

Russisch-orthodoxe Kirchen erinnern an die Zeit, als der Zar über Kodiak herrschte.

und der im Katmai National Park. Gelegentlich bringt dies Probleme für die hier lebenden Menschen, wenn Bären in ihren Siedlungen auftauchen.
Bereits 1941 wurde das Kodiak National Wildlife Refuge zum Schutz der Bären erklärt. Doch seitdem gab es immer wieder den Schlagabtausch unterschiedlicher Interessen: zwischen Farmern, die nachweislich Teile ihrer Rinderherden an Bären verlieren, und Naturschützern. In den sechziger Jahren lenkte die Fish & Game-Behörde ein. Sie verpflichtete einen Jagdflieger aus dem Zweiten Weltkrieg, der in aller Stille 35 Bären aus der Luft erledigte. Als das publik wurde, war der öffentliche Aufschrei allerdings groß, und der Abschuß wurde schleunigst eingestellt.

Angelegte Wanderwege findet man auf Kodiak Island nicht, dafür unberührte Natur.

Rund 15 000 Menschen leben in dieser Inselwelt, die Hälfte davon in der Stadt Kodiak. Einer der größten Arbeitgeber hier ist die U. S. Coast Guard (Küstenwache) mit etwa tausend Bediensteten.
Die meisten aber ernähren sich vom Fischfang, allen voran von Lachs, Kabeljau und Heilbutt. Doch die Früchte des Meeres sind nicht unendlich. Diese bittere Erfahrung machten Fischer, die sich in den sechziger Jahren auf die begehrten Königskrabben spezialisiert hatten. Mit einem Rekordfang von 90 Millionen Pfund war 1966 ihr Spitzenjahr. Doch als Folge der gedankenlosen Überfischung gingen die Bestände zurück, und 1983 schließlich wurde der Königskrabbenfang eingestellt.
Es waren dramatische Veränderungen, die die Inseln erlebten, seit die Weißen kamen. 1784 erst hatte der russische Pelzhändler Shelikov die erste Siedlung gegen den Widerstand der als Koniag bezeichneten Ureinwohner gegründet. Nach den Pelzhändlern kamen dann die Walfänger. Doch die Natur erholte sich auch von ihnen. Ebenso wie von den Folgen des Vulkanausbruchs des Novarupta im Jahr 1912, dem Erdbeben von 1964, das 24 Menschen tötete, und den Auswirkungen der Ölkatastrophe der Exxon Valdez.
Wenn nach Regen die Sonne durch die Wolken bricht und den «Archipel der Bären» verzaubert, abertausend Meeresvögel wie im Freudenrausch darüber kreischen und träge Robben wohlig grunzen, dann glaubt man hier immer noch ans Paradies. Ein Naturparadies ist es auf jeden Fall.

St. Paul ist der Hauptort der gleichnamigen Insel, der Hauptinsel der Pribilof Islands, die abgelegen in der Beringsee liegen. Besucher kommen vor allem wegen der berühmten Vogel- und Robbenkolonien.

Für Ornithologen sind die Pribilof Islands ein wahres Paradies. Etwa zweihundert Vogelarten sind hier zu beobachten, eine der größten Seevogelkolonien der nördlichen Hemisphäre findet sich an den steilen Klippen der Inselgruppe.

Eine Attraktion der Pribilof Islands sind die über eine Million Tiere zählenden Kolonien der Nördlichen Seebären.

Die auch als Papageitaucher bezeichneten Gelbschopflunde aus der Ordnung der Alken finden an der Steilküste von St. Paul Island ideale Brutplätze. Diese Art ist gekennzeichnet durch den gelben Federschopf und die schwarze Brustfärbung.

Ein gelungener Schnappschuß: In elegantem Gleitflug segelt dieser Gelbschopflund von der Klippe.

Deutlich sind die Charakteristika des Hornlunds zu erkennen: Im Unterschied zum Gelbschopflund ist die Brustfederung weiß, der Schnabel kräftig, der Kopf ohne Federschopf (siehe Bild links).

Der Kormoran ist ein geschickter Fischjäger, der ebenfalls auf den Pribilof Islands anzutreffen ist.

Die Diskussion über den Ausverkauf Alaskas ist nicht neu. Sie entflammte bereits nach den Prudhoe Bay-Ölfunden, nachdem 1971 den Landforderungen der Ureinwohner durch den US-Kongreß entsprochen worden war. Viele begannen laut über den Zusammenhalt der letzten großen Wildnis der USA nachzudenken.

Die geschützten Gebiete, allen voran die Nationalparks, waren zu dieser Zeit noch relativ klein. 1910 war der erste in Sitka deklariert worden. Als 1976 der Klondike-Goldrausch-Park dazukam, war die Liste der Nationalparks mit Mount McKinley (1917), Katmai (1918) und Glacier Bay (1925) schon recht lang. Und doch waren das nur *peanuts* für den vom Erdnußfarmer zum Präsidenten avancierten Jimmy Carter, als er 1980 nach neunjähriger Vorarbeit den Alaska National Interest Lands Conservation Act (ANILCA) unterzeichnete. Mit einem Federstrich war nun die Nationalparkfläche aufs Doppelte, das heißt auf mehr als 206 000 Quadratkilometer oder gut 13 Prozent der Fläche Alaskas, angestiegen. Dazu kamen Wildschutzgebiete, sogenannte National Wildlife Refuges, von mehr als 311 000 Quadratkilometern. Gut eine halbe Million Quadratkilometer Alaskas steht damit heute unter Naturschutz.

BERGE, TUNDRA UND 2000 ELCHE – DENALI NATIONAL PARK

Der Erzdiakon des Yukon, Hudson Stuck, wird gern mit dem Ausspruch zitiert: «Ich würde eher den Mount McKinley besteigen als die reichste Goldmine Alaskas entdecken wollen.» Im Jahr 1913 stand er mit drei Begleitern, dem Athabasca-Indianer Walter Harper, Harry Karstens, dem späteren Superintendenten des Denali National Park, und einem Robert Tatum als erster auf Nordamerikas höchstem Gipfel. Die Indianer nennen den 6194 Meter hohen Berg Denali (der Große), doch die weißen Neuankömmlinge gaben ihm den Namen eines amerikanischen Präsidentschaftskandidaten aus Ohio.

Der Denali National Park mit dem Mount McKinley gehört heute zum Pflichtprogramm eines jeden Alaska-Reisenden, und kaum ein Besucher wird nicht begeistert sein. «Liebe kann aber auch erdrückend sein», meint Chef-Naturkundler Gordon Ohlson schmunzelnd. Er hat darüber zu wachen, daß der Wildnischarakter im Park erhalten bleibt. «Privatautos haben drinnen grundsätzlich nichts zu suchen», betont er. Als Ersatz dafür wird ein regelmäßiger Pendelbusdienst, für dessen Benutzung auf der 140 Kilometer langen Straße zum Wonder Lake jetzt erstmals in der Parkgeschichte auch Geld genommen wird, angeboten. Doch wer es bis zum Parkeingang geschafft hat, zahlt gern, denn der Denali National Park ist in der Besuchergunst unangefochten die Nummer eins in

Einsam liegt die Bergwelt entlang des Tok Cut Off Highway, der von Tok nach Anchorage führt. Nur das Flügelschlagen startender Schwäne durchbricht die Ruhe.

Alaska. «Im Jahr 1940 kamen 12 000 Besucher. Genau fünfzig Jahre später war die Zahl auf mehr als eine halbe Million angewachsen», betont Ohlson.

Der Denali National Park (siehe Karte Seite 86) ist Bilderbuch-Alaska; mit glasklaren, eiskalten Flüssen, wie Savage River und Toklat River, die durch sanft geschwungene Tundren plätschern. Und hinter jedem Hügel eröffnet sich ein noch spektakulärerer Blick als zuvor. Zutraulich trottet ein Fuchs mit einer Ente im Maul durchs Parkzentrum und läßt sich willig fotografieren. Am Sable Pass liegt direkt neben der Schotterstraße eine Grizzlybärin auf dem Rücken, räkelt sich und schließt entspannt die Augen, während ihre beiden Teddys genüßlich an Mamas Brüsten nuckeln.

Selten zeigt sich der Kanadaluchs. Die einzige Katzenart im hohen Norden ist in allen Vegetationszonen Alaskas zu Hause.

Unvergleichlich schön ist es hier im Herbst, nicht nur weil nach der Hauptreisezeit Ruhe einkehrt. Ab September glaubt man, ein Maler habe den Park mit der verschwenderischten Farbenpracht von leuchtenden Gelb-, Rot- und Brauntönen überzogen. In den Hochgebirgstundren entdeckt man jetzt Grizzlies, die sich am üppigen Blaubeerangebot gütlich tun. Die Elche mit ihren nun voll ausgebildeten Schaufeln wirken im Herbst noch mächtiger und stolzer als Monate zuvor, und wie immer lungern ein paar Karibus wie dienstverpflichtete Fotostatisten vor dem Eielson Visitor Center herum. Nur der Mount McKinley ist launisch wie eh und je. Gern versteckt er sein Haupt hinter Wolken, doch wenn der König der Berge Audienz hat, klicken die Kameraverschlüsse.

1980 wurde die Parkfläche auf gut 24 000 Quadratkilometer vergrößert und entspricht damit etwa der Größe Hessens. Doch immer wieder gibt die Natur dem fünfzehnköpfigen Naturkundlerteam um Gordon Ohlson Rätsel auf. Noch in den dreißiger Jahren zum Beispiel lebten 20 000 Karibus im Park. Heute sind es rund zweitausend.

Flüsse wie hier im Denali National Park sind in Alaska nicht gestaut und begradigt worden. Als Wildnisflüsse suchen sie sich ihren Weg frei durch die Berge.

Eine plausible Antwort für den Rückgang gibt es bisher nicht. Zum Glück sind der Elchbestand mit 2000 Tieren und die Grizzly-Population stabil. «Jeder Besucher hat bei uns beste Chancen, ‹seinen› Bären zu fotografieren», betont Ohlson. Wie viele es allerdings sind, weiß auch er nicht: «Tierzählungen nehmen wir nur im Winter vor. Und dann liegen die Grizzlies auf der Bärenhaut.»

TRAUMSTRASSE NACH NORDEN – DER ALASKA HIGHWAY

Die jüngste Entwicklung Alaskas war stürmisch. Was wäre wohl geschehen, wenn die Japaner im Zweiten Weltkrieg nicht auch amerikanisches Festland angegriffen hätten…? 1942 bombardierten sie Dutch Harbor auf den Aleuten, zeitgleich wurden die beiden Aleuten-Inseln Attu und Kiska besetzt. Alaska war damals mit nur 72 000 Menschen spärlich besiedelt. Juneau, die Hauptstadt, zählte lediglich 5700 Bewohner und war damit größte Stadt. Erst nach Ketchikan fand man Anchorage auf Platz drei der Größenskala, gefolgt von Fairbanks.

Doch bereits zur Kriegsmitte begegnen wir einem anderen Alaska. Denn im Februar 1942 hatten die Regierungen der USA und Kanadas den Bau einer Militärstraße nach Norden beschlossen, die alten Indianer- und Trapperpfaden vom kanadischen Dawson Creek über Whitehorse nach Fairbanks folgen sollte. Alles in allem waren damals 11 000 Mann am ALCAN (ein Straßenkürzel, das für die beiden Initiatoren Alaska und Canada stand) im Einsatz. Sie bauten eine fast 2500 Kilometer lange Straße durch die Wildnis, in nur acht Monaten und zwölf Tagen.

Diejenigen, die 1942 am Alaska Highway arbeiteten, würden ihn heute kaum wiedererkennen. Der Suicide Hill, der Selbstmordhügel, auf dem sich die Militär-Jeeps

Die alaskanische Rasse der Elche bringt besonders mächtige Exemplare hervor – allein die Schaufeln eines erwachsenen Bullen wiegen mehr als 20 Kilogramm.

schon mal überschlugen, wurde entschärft, gefährliche Kurven begradigte man. Fast durchgängig ist Amerikas längste Nordlandstraße inzwischen asphaltiert, das Angebot an Campingplätzen und Lodges ist zufriedenstellend, und spätestens alle hundert Kilometer trifft man auf eine Tankstelle. Heute braucht niemand mehr seine Windschutzscheibe gegen Steinschlag zu vergittern, und Aufkleber wie *I survived the Alaska Highway* gehören der Vergangenheit an. Statt dessen erobern sich 100 000-Dollar-Wohnmobile die Straße, auf denen man oft die Aufschrift *Retired* (im Ruhestand) liest.

Von allen Möglichkeiten der Anreise nach Alaska ist die auf dem Alaska Highway die zünftigste. Im kanadischen Dawson Creek beginnt sie, genau dort, wo an der Schnittstelle von 10th Street und 102nd Avenue der «Meilenstein Null» steht. Weiter nördlich, in Fort Nelson, wird der Reisende tanken und erneut Vorräte fassen, genauso wie er in Watson Lake den Riesenschilderwald *Sign Post Forest* besuchen wird. Seit hier 1942 ein heimwehkranker Soldat namens Carl Lindley ein Schild mit dem Namen seiner Heimatgemeinde Danville/Illinois in den Boden rammte, ist der Schilderwald auf einen Dschungel mit 27 000 Ortsschildern angewachsen.

Doch fahren wir weiter. Nach dem Passieren von Whitehorse, der Hauptstadt des Yukon Territory, steigert sich die landschaftliche Dramatik; hier in den Kluane Mountains wird eine 22 000 Quadratkilometer große Hochgebirgswildnis mit den größten Eisfeldern außerhalb der Polarregionen geschützt. Schließlich erreicht man nach eindrucksvollen 1968 Kilometern hinter dem Dorf Beaver Creek die Grenze zu Alaska.

Aus der Luft lassen sich die weitverzweigten Wasserläufe der Flüsse und Bäche, die vom Mount McKinley strömen, gut überblicken – am Boden werden sie zu Hindernissen, die nur mühsam zu überwinden sind.

LIEBE AUF DEN ZWEITEN BLICK – FAIRBANKS

Wer Alaskas zweitgrößte Stadt auf den ersten Blick nicht sonderlich attraktiv findet, wird kaum Widerspruch ernten. Egal, aus welcher Richtung man kommt, Reparaturwerkstätten, Supermärkte und Kaufhäuser grüßen den Neuankömmling. Fairbanks ist nun mal der Versorgungsmittelpunkt des riesigen Zentrums, Einkaufsplatz für Trapper und Prospektoren aus einem Hinterland, das so groß ist wie Deutschland.

Das Herz der Stadt liegt dort, wo die Cushman Street auf den Chena River trifft. Nebenan, beim Denkmal der *unknown family*, der unbekannten Familie – einer Darstellung der verschiedenen Völker –, blickt man in die vielen Gesichter Alaskas, die von Eskimo, Indianern und Pionieren. Bunt ist auch das alltägliche Stadtbild. Bereits mittags flackern rote Lichter am Eingang der Mecca Bar in der 2nd Avenue. Ein Indianer schlurft langsam auf Krücken ins Caribou-Loan-Pfandhaus. Aus einem klapprigen Pickup-Truck dröhnt laute Musik. Jemand schiebt

Fortsetzung Seite 44

Impressionen der herbstlich verfärbten Tundra im Denali National Park: Ob im Umkreis eines Kegelberges (oben) oder entlang der Ufer eines kleinen Flusses (unten) – während des Indian Summer bezaubert die Vegetation das Auge mit einer Flut von Gelb-, Rot- und Brauntönen.

Die tiefer gelegenen Zonen des Denali National Park weisen borealen Wald (Taiga) auf.

Gemächlich ziehen zwei Elche durch das seichte Flußwasser nahe dem Dalton Highway. In der Bildmitte erkennt man zwischen den Nadelbäumen die silberne Röhre der Pipeline, die wie der Highway von Norden nach Süden quer durch Alaska verläuft.

DIE HERREN DER WILDNIS

Bei Bären, Elchen und Wölfen

Neben der grandiosen Landschaft gehört die Tierwelt Alaskas zu den Hauptattraktionen des Nordens. Die Begegnung mit den Herren der Wildnis wird zum unvergeßlichen Erlebnis.

«He, Bär! He, Bär!» Parkranger Marc Wagner schlägt in die Hände, während er durch die Wildnis des Katmai National Park wandert. Abrupt bleibt er stehen. Fünfzehn Meter vor ihm, mitten auf dem Pfad, säugt eine Bärenmutter ihre beiden Jungen, liegt dabei entspannt auf dem Rücken und scheint die Welt und die Besucher um sich herum vergessen zu haben.

Gut eine Stunde wartet die kleine Besuchergruppe um den Parkranger. Dann sind die Jungen satt, und Mama Bär stapft zum Fluß, um Lachse aus dem Brooks River zu fischen. Begegnungen dieser Art sind alltäglich im Katmai National Park, in dem sich einige der größten Braunbären der Welt ungeniert zwischen den Blockhütten des Parkzentrums bewegen. Seit hier 1950 der Buschpilot Ray Peterson an der Mündung des Brooks River ein Camp für Angler errichtete, haben sich Bären und Menschen arrangiert. Genaugenommen gehen sie sich aus dem Weg. Und nie kam es zu schwerwiegenden Zusammenstößen.

Bären sind allgegenwärtig in Alaska. Selbst am Stadtrand von Anchorage gehören sie zu den Gästen, die gelegentlich in Häuser eindringen, um die Speisekammern zu plündern. Diese Erfahrung machte Camellia Buschmann, als sie vom Einkaufsbummel in ihre Wohnung im Vorort Hillside zurückkam. Die Haustür stand weit offen, innen war das Unterste nach oben gekehrt, und auf der Couch lümmelte sich ein Schwarzbär. Das Tier wurde erschossen, denn ein Bär, der gelernt hat, daß der menschliche Lebensraum ein «Selbstbedienungsladen» ist, verliert seine Scheu, kommt wieder und wird zur Gefahr.

Alaskas Elche sind besonders mächtig.

Noch vor Jahrzehnten fütterten Besucher Bären in Nationalparks gern vom Auto aus. Heute ist das strikt verboten. Statt dessen werben Broschüren mit dem Spruch: «Laß deinen Leichtsinn nicht den Grund für den Tod eines Bären sein.»

Niemals sollte man Lebensmittel auf dem Campingtisch zurücklassen. Eine Tafel Schokolade, arglos in die Jackentasche gesteckt, kann der Grund für eine Bärenvisite im Zelt sein. Trotzdem sind Angst und Panikmache unangebracht. Fast immer wird der Bär dem Menschen aus dem Weg gehen, wenn man vorsichtig ist und ein paar Grundregeln beachtet (siehe Seite 83). Gefährlich allerdings wäre es, einen Bären zu erschrecken. Das könnte ihn zum Angriff reizen. Unweit von Anchorage wurde kürzlich ein Jogger getötet – er hatte unbeabsichtigt einen Bären beim Fressen gestört.

Der Kanadier Stephen Herreo gehört zu den bedeutendsten Bärenkennern. Bei der Lektüre seines ausgezeichneten (auch auf deutsch erhältlichen) Buches «Bären, Jäger und Gejagte in Amerikas Wildnis» wird klar, daß es ein klares Verhaltensmuster der Bären bei Angriffen nicht gibt. Deutlich wird aber: Grizzlies – wie auch die zur selben Gattung gehörenden Küstenbraunbären – sind wesentlich unberechenbarer und aggressiver als Schwarzbären.

Eine weitere Hauptattraktion der Tierwelt bilden die Begegnungen mit Elchen oder Wölfen. Einen Elch im stillen Wasser des Reflection Pond vor der Kulisse des Mount McKinley äsen zu sehen, gehört zu einem Alaskabesuch eigentlich dazu. Wer ein Moose (so die nordamerikanische Bezeichnung) ohne Teleobjektiv formatfüllend auf den Film bannen will, darf allerdings nicht vergessen, daß Elche, die sich in die Enge getrieben fühlen, mit ihren Hufen verheerende Angriffe ausführen.

Ebenso unvergeßlich ist es, an einem bitterkalten Winterabend in einer Blockhütte in der Brooks Range einem Wolfsrudel zu lauschen. Ein Wolf hebt den Kopf, beginnt zu heulen, ein anderer fällt ein, und schon klingt ein vielstimmiger Chor mit hellen und dunklen Stimmen in die arktische Nacht. Ein solches Erlebnis geht unter die Haut, und es wird klar, was für alle Begegnungen mit Tieren gilt: Dieses ist ihr Reich. Der Mensch ist hier nur zu Gast. Gerade dieser einmaligen Unberührtheit wegen kommt man ja nach Alaska.

Während der Grizzly sich noch an der Mahlzeit bedient, nähert sich vorsichtig ein Wolf. Er will seinen Teil von der Beute.

In der alpinen Tundra der Brooks Range häufig anzutreffen ist das Arktische Erdhörnchen.

Im Denali National Park: Der Kanadische Biber, Nordamerikas größtes Nagetier, schafft Zweige und Stämme zum Dammbau heran.

Schneeziegen sind wahre Kletterkünstler. Sie kommen vorwiegend in Alaskas südlichen Gebirgen vor, wo sie in Höhen bis 3000 Meter hinaufsteigen.

einen rumpelnden Wagen voller Einkäufe vor sich her. Wohnmobile und Geländewagen kommen und gehen, und auf der Brücke über dem Chena River flattern die Flaggen aller fünfzig US-Bundesstaaten.

Auch wenn es keine Liebe auf den ersten Blick war, wird man Gefallen an Fairbanks finden. Und wer im Sommer kommt, mag unter einem tiefblauen Himmel einen Moment lang vergessen, daß der Kälterekord hier im Jahr 1966 bei minus 55 Grad Celsius lag.

Göttin Fortuna mischte 1901 bei der Stadtgründung kräftig mit, als sie den Abenteurer Captain Teddy Barnette mit seinem gecharterten Frachtschiff «Lavelle Young» hier auf eine Sandbank im Chena River auflaufen ließ. Schimpfend entlud Barnette den Kahn, und am Ufer des Flusses stapelten sich bald Handelsgüter im Wert von 20 000 Dollar.

Doch Fortuna fügte es wundersam, denn ein Jahr später fand der Italiener Felix Pedro Gold, nicht weit von unserem gestrandeten Glücksritter. Plötzlich strömten Abenteurer zu Tausenden in die Region, und Glückspilz Barnette saß im Zentrum aller Aktivitäten. Bereits im September 1902 nickten die anwesenden Goldgräber beifällig, als ihnen Teddy Barnette den Ortsnamen Fairbanks für die Siedlung vorschlug, zu Ehren eines Senators aus dem Staat Indiana. 1908 lebten 3500 Menschen in der City, weitere 15 000 gruben im Umland nach Gold. Und noch einmal lächelte die Glücksgöttin, als 1910 die Goldausbeute zurückging: Der US-Kongreß hatte beschlossen, Fairbanks zum Endpunkt der Alaska Railroad zu machen. Ende der dreißiger Jahre erinnerte nur noch wenig an das Pionierdorf von 1902. Im Gegenteil – die Cushman Street war die erste asphaltierte Straße im nördlichen Alaska. Nach dem Zweiten Weltkrieg war es mit der Geruhsamkeit des kleinstädtischen Lebens endgültig vorbei, denn das Militär entwickelte sich zum größten Arbeitgeber vor Ort. Siebentausend Soldaten arbeiten in Fort Wainwright und der Eielson Air Force Base. Zählt man deren 11 000 Familienangehörige dazu, wird einem dieser enorme Wirtschaftsfaktor für den 80 000 Einwohner zählenden Großraum Fairbanks klar.

Viele, die schon lange hier wohnen, unterscheiden zwischen dem Leben «vor» und «nach» dem Erdölboom. Die Absicht, eine 1288 Kilometer lange Pipeline mit parallel verlaufender Versorgungsstraße quer durch Alaska nach Valdez zu bauen, war 1970 auf den Widerstand der Naturschützer gestoßen. Eines der Zugeständnisse an sie war, die Rohre der Pipeline an 579 Stellen höher zu legen als üblich, um so die großen Karibuherden ungehindert passieren zu lassen.

1974 ging es los, der Bau begann. Dreihundertfünfzig kleine und größere Flüsse waren zu überqueren, eines der aufwendigsten Bauvorhaben war die dreißig Millionen Dollar teure Brücke über den Yukon River.

Schätzungsweise 30 000 bis 40 000 Braunbären besiedeln Alaska, vom Küstenregenwald bis zur arktischen Tundra des Nordens. Entsprechend des Nahrungsangebots entwikkeln die anpassungsfähigen Grizzlies unterschiedliche Fellfärbung und Größe. Die lachsfangenden Küstenbären werden viel mächtiger als ihre beerensuchenden Vettern im Inland.

Der Aussichtsbalkon gibt Besuchern festen Stand auf sumpfigem Boden und erlaubt einen guten Überblick über den Deadman Lake, der zum Tetlin National Wildlife Refuge gehört.

Das ist Geschichte. Das Erdöl fließt, und wer das Wunderwerk der Technik bestaunen möchte, braucht nur ein paar Meilen von Fairbanks auf dem Elliott Highway nach Norden zu fahren. Folgt man dieser Straße weiter, wird man den Dalton Highway, die Versorgungsstraße zur Alaska Pipeline und damit gleichzeitig die nördlichste Straße des amerikanischen Kontinents, erreichen. Allerdings sollte man sich auf dieses Abenteuer nur mit einem zuverlässigen Auto einlassen. Wer liegenbleibt, zahlt umgerechnet sechs D-Mark Abschleppkosten pro Kilometer. Der Dalton Highway ist übrigens 666 Kilometer lang!

EIN ZELTDORF NAMENS «ANKERPLATZ» – ANCHORAGE

Immer wenn es Ron Kilian in Anchorage in den Reiseschuhen brennt, klettert er in seine Chessna und fliegt in die Wildnis. «Wir haben hier in Alaska sechsmal so viele Piloten und sechzehnmal so viele Flugzeuge pro Kopf der Bevölkerung wie die übrigen US-Bundesstaaten», schwärmt er, während er in einem alten Pappkarton nach vergilbten Fotos blättert.

«Ein Jugendporträt von Anchorage…» Ron glättet eine alte Schwarzweißaufnahme. Sie zeigt eine Rodung im Wald mit etwa dreihundert hellen Leinenzelten, aus deren Dächern Ofenrohre ragen. «Anchorage im Jahr 1915», bemerkt er trocken.

Der Aufstieg dieser Stadt ist ohne Vergleich. Nachdem die Eisenbahn Seward-Fairbanks beschlossene Sache war, suchte man 1914 eine geeignete Stelle für einen Zwischenstopp. Man entschied sich für jene Ebene, an der ein Fluß namens Ship Creek ins Meer mündet. Am Nachmittag des 10. Juli 1915 begann der Regierungsbeauftragte Andrew Christensen kurz und formlos mit dem Ausverkauf Anchorage's. Fünfundzwanzig Dollar waren das Mindestgebot für eine Landparzelle. Als er eine Woche später seinen Aktenkoffer schloß, hatte er 150 000 Dollar fürs Staatssäckel kassiert. Doch noch fehlte ein Ortsname. «Ship Creek» und «Alaska City» standen zur Wahl. Das Rennen aber machte «Anchorage», denn die Zeltstadt befand sich an einem Ankerplatz in der «Knick Arm» genannten Meeresbucht. Schon bald gab es Telefone und elektrischen Strom. Doch zur größten Stadt Alaskas mit heute rund 260 000 Einwohnern war es noch ein weiter Weg. Erst zwischen 1940 und 1980 gab es den größten Bevölkerungssprung von 4000 auf 200 000.

Anchorage's Herz schlägt noch immer dort, wo auf dem alten Foto die Zelte standen. Folgt man der Third Avenue Richtung Meer, erreicht man den Resolution Park. Selbstbewußt blickt hier ein Denkmal von Captain James Cook auf den Ausläufer der Bucht, in der dieser 1778 erfolglos die Nordwestpassage gesucht hatte, den Seeweg zwischen Pazifik und Atlantik.

Egal, wo man in und um Anchorage ist, der Blick fällt immer auf die bis in den Spätsommer hinein schneebedeckten Chugach Mountains. Das ist gut so, denn Anchorage – bei aller Liebe zur Stadt – besticht nicht gerade durch städtebaulichen Schick. Schnurgerade sind die rechtwinklig angelegten Straßen, gesäumt von gesichtslosen Kaufhäusern und Bürogebäuden.

Rund die Hälfte aller Alaskaner lebt in dieser Stadt, deren Fläche 5200 Quadratkilometer umfaßt. Etwa 18 Prozent aller alaskanischen Ureinwohner konzentrieren sich hier. In den letzten fünf Jahren hat auch der Anteil der

Eine eigenwillige Sammlung von Radkappen ist auf der Hauswand des Wildwood Store am Elliott Highway versammelt. Hier kann man sich bei einer kleinen Rast mit Souvenirs eindecken.

spanischstämmigen Bevölkerung um rund fünfzig Prozent zugenommen. Viele, die hier auf der Schattenseite des Lebens stehen, sind arbeits- und wohnungslos. Die Gewaltkriminalität nimmt denn auch innerhalb Alaskas einen traurigen Spitzenplatz ein.

Anfang März aber, während des Iditarod-Hundeschlittenrennens, scheinen alle Sorgen und Probleme für ein paar Wochen vergessen. Tausende von Zuschauern säumen am Starttag die Fourth Avenue mitten im Zentrum. Vor Nervosität zerspringende Huskies heulen, bellen und reißen an den Zugleinen. Dann kommt endlich das erlösende Kommando: «Three, two, one, go!» Und wie von der Bogensehne geschnellt, rasen die Teams nacheinander los, quer durch die City. Irgendwo hinter dem Ort Willow werden die Frauen und Männer mit ihren Tieren

Fortsetzung Seite 53

TOLLE TAGE UNTER DEM NORDLICHT

Sport und Spiel in Alaska

Wer glaubt, in Alaska gäbe es nur Wildnis und Natur, der besuche eine der zahlreichen Veranstaltungen, bei denen die Menschen zusammenkommen. Im hohen Norden läßt es sich auch gut feiern.

Es ist, als taute gegen Ende des Winters auch das Leben auf. Dann öffnen sich knarrend die Blockhaustüren und etwas tapsig – wie Bären nach dem Winterschlaf – recken die Bewohner vorsichtig die Nasen in den Wind, der noch eisig ist. Noch liegt längst nicht der Duft des Frühjahrs in der Luft. Doch Ende Februar, Anfang März läßt sich schon der Sommer ahnen: Immerhin scheint die Sonne in Zentralalaska zu dieser Jahreszeit bereits zehn Stunden täglich, auch wenn die Temperaturen sich um die 40 Grad minus bewegen.

Im Februar ist der Auftakt zu den großen Winterparties. Das zünftigste Fest findet in Anchorage statt, und es wäre nicht Alaska, würden hier nicht die Pioniertage beschworen. So steht das Anchorage Fur Rendezvous ganz im Zeichen des Pelzes. Das Rondy, so sollten wir es nennen, denn jeder hier nennt es so, erlebte seine Geburtsstunde im Jahr 1936, als sich ein paar beherzte Burschen in Anchorage an vergangene Zeiten erinnerten. Vor allem an die früheren Pelz-Rendezvous, bei denen sich Pelzhändler einmal im Jahr trafen, um zu plaudern, zu feiern und sich bei unterschiedlichen Wettkämpfen zu messen. Daraus entwickelte sich Alaskas größte Party.

Zehn Tage lang steht Anchorage Kopf. Eine von vielen Veranstaltungen dabei ist der größte öffentliche Pelzmarkt Amerikas, auf dem man Biber-, Fuchs- und Bärenpelze kaufen kann. Etwas ungewöhnliche Veranstaltungen wie zum Beispiel das «Plumpsklo-Wettrennen» und der zünftige Trapperball runden das Fest ab.

Beim zeitgleich stattfindenden World Championship Sled Dog Race wetteifern die schnellsten Sprint-Hundeschlittenteams um den ersten Platz.

Um ganz andere Qualitäten geht es beim Gewichtziehen der Hunde. Dort sind Muskelprotze mit breitem Kreuz gefragt, eine Art vierbeinige Arnold Schwarzenegger. Ein Spitzenhund wird kurzfristig eine Last von 1800 Kilogramm ziehen!

Etwa zur gleichen Zeit jagen die Huskyteams des Yukon Quest-Hundeschlittenrennens durch Zentralalaska. Mag das 1860 Kilometer lange Iditarod-Rennen auch weltweit die meiste Beachtung finden, das *Yukon Quest*, ein 1600 Kilometer langes Rennen zwischen Whitehorse im kanadischen Yukon Territory und Fairbanks, nimmt für sich in Anspruch, «härtestes Hundeschlittenrennen der Welt» zu sein. Wie auch immer – ein Test, der die Belastungsgrenzen von Mensch und Tier auslotet, sind beide Veranstaltungen.

Oben: Aurora borealis, das Nordlicht, verzaubert lange Winternächte. – Mitte: Filigran und vergänglich: Eisskulpturen. – Unten: Der Hundeschlittensport ist eine spannende Sache.

Das Yukon Quest streift die Stätten Jack Londons, des Klondike-Goldrausches und eine der reizvollsten Landschaften des Nordwestens. Von Whitehorse führt die Strecke entlang dem Yukon River. Dann folgen die schwerbeladenen Schlitten dem alten Dawson Trail zur kanadischen Goldstadt Dawson City. Der 1000 Meter hohe American Summit wird für viele Teams zur Zerreißprobe. Nach rund zehn Tagen und weitgehend schlaflosen Nächten auf einsamen Pfaden wird das erste Gespann in Fairbanks einlaufen. Die Hundeschlittenführer mit dick vereisten Bärten und Augenwimpern, an denen Eisbällchen hängen, mit rissigen Händen, sind todmüde, aber glücklich. Genauso wie die Huskies. Und alle werden schwören, nächstes Jahr wieder dabei zu sein. Dann wird die Streckenführung umgekehrt verlaufen, von Fairbanks nach Whitehorse. Das Abenteuer aber bleibt das gleiche.

Fairbanks bietet noch mehr: Im März, beim *Ice Art Competition*, geben sich hier einige der bekanntesten Eisschnitzer ein Stelldichein, um filigrane Kunstwerke aus purem Eis zu zaubern.

Kein anderes Winterereignis aber eint Alaskaner so wie das 1860 Kilometer lange *Iditarod*, ein Medienereignis ersten Ranges, von der Startlinie in Anchorage bis zu dem Moment, wenn das letzte Team unter dem Iditarod-Triumphbogen in Nome am Beringmeer einläuft. Die Route folgt einem Weg, auf dem zur Goldrauschzeit Waren und Post transportiert wurden.

Übrigens waren es Frauen, die weltweit das Augenmerk auf diesen Sport der «harten Männer» lenkten. Denn 1985 geschah ein gewaltiges Erdbeben im Bewußtsein vieler bärtiger Wildnis-Machos. Damals hatte die 28jährige Libby Riddles alles auf eine Karte gesetzt und mit ihren Hunden haushoch gewonnen, vor aller männlichen und vermeintlich stärkeren Konkurrenz.

Im Jahr darauf begann ein anderer weiblicher Stern am Musher-Himmel Alaskas zu funkeln. In drei aufeinanderfolgenden Jahren gelang es Susan Butcher, das spektakuläre Rennen zu gewinnen. 1990 lag sie erneut an der Spitze. Seitdem gibt es einen Slogan hier: «Alaska – das Land, wo Männer noch richtige Männer sind, aber Frauen das Iditarod gewinnen!»

Der Mount McKinley ist mit 6194 Metern der höchste Berg der Alaska Range und Nordamerikas. Der von den Indianern Denali (der Große) genannte Gipfel ist Ziel ambitionierter Bergsteiger, die weniger mit technischen Schwierigkeiten als mit der enormen Kälte zu kämpfen haben.

Gewaltige Eisflanken durchziehen das Massiv der Alaska Range, die vor Jahrmillionen aufgrund tektonischer Kräfte entstand und noch heute im Wachsen ist.

Ein Meer schneebedeckter Gipfel: Die Alaska Range bildet die Südgrenze von Zentralalaska.

Die nördlichste Bergkette Alaskas ist die Brooks Range, die auf über 2700 Meter Höhe ansteigt. Typisch sind hier breite Tundratäler und bizarre Felsformationen.

Der Dalton Highway quert bei Five Mile Camp den Yukon River, den größten Strom Alaskas. Aus Kanada kommend durchfließt er auf 2300 Kilometern alaskanisches Gebiet, bevor er in die Beringsee mündet.

Alaskas große Zahl von Flüssen und Seen erlaubt es, auch entlegenste Regionen per Wasserflugzeug anzufliegen und zu versorgen.

in der weißen Einsamkeit in Richtung Beringsee verschwinden. Vor ihnen liegt eines der letzten großen Abenteuer unserer Zeit, das von den Fans und den Medien aufmerksam verfolgt wird.

VULKANE, RIESENBÄREN UND FETTE LACHSE – SÜDALASKA

«Manchmal», sagt Chris Titus, die die Alaska State Parks auf der Kenai Peninsula betreut, «manchmal fürchte ich, daß die Natur dem Ansturm der Menschen hier nicht standhalten wird...» Man wird sie verstehen, wenn man an einem Sonntagvormittag die Autoschlange im Blick hat, die via Seward Highway und Sterling Highway in Anchorage's beliebte «Wildnis vor der Haustür» strömt. Die Seward-Halbinsel südwestlich der Stadt ist ein Alaska en miniature, in dem sich die Schönheiten des Landes vereinen; Publikumslieblinge wie etwa der Portage Glacier oder der Exit Glacier und das 1865 Quadratkilometer große Harding Icefield. Riesige Landstriche der Halbinsel sind geschützt; zum Beispiel das Kenai National Wildlife Refuge oder der Chugach National Forest. Am bekanntesten aber ist der Kenai Fjords National Park, der von Seward aus bequem per Schiff zu erschließen ist. Glücklicherweise sind diese Schutzgebiete noch intakt. Sorgen dagegen bereiten Chris Titus jene leicht zugänglichen Zonen beiderseits der Highways. Und natürlich die Angler, denn Kenai River und Russian River zählen zu den Lachs-Traumgewässern dieser Welt. In der nur wenige Monate dauernden Saison kämpfen hier verbissen 350 000 Petrijünger, oft Seite an Seite im Schulterschluß, um den größten Lachs.

Kein Wunder, daß bei soviel Reichtum diese Halbinsel schon vor 8000 Jahren Menschen angezogen hat, und natürlich hat das Tier- und Fischvorkommen auch frühzeitig russische Pelzhändler auf den Plan gerufen. Im Jahr 1785 erbauten sie mit Alexandrovsk Redoubt (Fort Alexander) dort, wo später die Siedlung English Bay (heute Nanwalek) entstand, ihren ersten Posten auf alaskanischem Festland.

Südalaska ist eine von Buchten und Wasserarmen durchzogene und vom Meer umschlossene Welt, in der die Häfen Homer, Kodiak, Seward, Whittier und Valdez durch regelmäßig verkehrende Fährschiffe miteinander verbunden werden, was dem Besucher ungeahnte vergleichsweise preisgünstige Reisemöglichkeiten eröffnet. Das reizvoll gelegene Valdez erlangte 1989 durch die Ölpest im Prince William Sound traurige Berühmtheit (siehe Seite 84).

Außerhalb von Kenai Peninsula, Valdez und dem Großraum Anchorage mit dem fruchtbaren Farmland des Matanuska-Tals ist der Süden Alaskas schwer zugänglich. Straßen gibt es praktisch nicht, und das Buschflugzeug

Der Dalton Highway wurde als Versorgungspiste für die Pipeline und die Ölcamps im Norden angelegt. Heute ist er auch für den Tourismus freigegeben. Ein Abenteuer bleibt die Fahrt aber dennoch, und ein zuverlässiges Fahrzeug ist unbedingt notwendig.

Lachse (oben) und die großen Säugetiere wie Karibu und Elch (Mitte) werden nach wie vor gejagt und gefangen, denn sie bieten unverzichtbare Fleischvorräte. Auch Pelze sind immer noch eine begehrte Ware (unten).

übernimmt den Taxidienst. Nach der Landung ist man dann zumeist auf sich selbst gestellt. Eine von wenigen Ausnahmen bildet hierbei der Katmai National Park mit seiner rustikalen Infrastruktur und dem Parkzentrum Brooks Camp. Bei einer Vulkaneruption explodierte hier 1912 der Gipfel des Mount Katmai. Fünfzehn Vulkane befinden sich allein in diesem Park, der eine der vulkanologisch interessantesten, aber auch unruhigsten Regionen der Erde umfaßt.

Die meisten Besucher kommen allerdings wegen der riesigen Bären in der Region. Der außergewöhnlichste Fleck für nervenstarke Naturfreunde ist das McNeil-River-Schutzgebiet. Argwöhnisch wacht die zuständige Naturschutzbehörde darüber, daß nur kleine Besuchergruppen Zugang zum Schutzgebiet bekommen. Ein ausgeklügeltes Zulassungssystem mit einer Lotterie, an der sich Interessenten aus aller Welt beteiligen, wurde eingeführt und erlaubt die Reglementierung der Besucherzahl. Wer zu den Beneidenswerten zählt und alle bürokratischen Hürden genommen hat, findet sich schließlich inmitten zwanzig oder dreißig 500 Kilo schwerer lachsfressender Braunbären wieder – ein Erlebnis der besonderen Art.

INSELN DER STÜRME UND DER PELZROBBEN – ALEUTEN UND PRIBILOF ISLANDS

Wer das große Glück hat, beim Anflug auf die sturmgepeitschten Aleuten-Inseln einen klaren Tag zu erleben, wird perfekt geformte Vulkankegel aus dem Meer in das Tiefblau des Himmels ragen sehen. Zweitausend Kilometer weit erstrecken sich diese Inseln von der Alaska Peninsula im Südwesten Alaskas bis zur internationalen Datumsgrenze an der Schwelle zu Rußland. Die Aleuten sind auch heute noch eine vergessene Welt für sich. Das signalisieren allein schon die 1200 Flugkilometer, die von Anchorage zum Inselzentrum Unalaska zu überwinden sind. Auch wenn auf dem Flugschein «Dutch Harbor» steht, ist Unalaska der Lebensnerv des Archipels. Dutch Harbor ist sein Umschlagplatz.

Als 1827 der Admiral in russischen Diensten, Johann von Krusenstern, die 14 großen, 25 kleinen und unzähligen winzigen Inseln offiziell als «Aleuten» bezeichnete, hatten deren Urbewohner bereits ein knappes Dreiviertel Jahrhundert lang Erfahrungen mit den Neuankömmlingen sammeln können – zumeist schlechte. Gnadenlos deportierte man die Menschen, deren Heimat diese Inseln seit 8000 Jahren waren. Bis auf die fernen Pribilof-Inseln brachte man sie, um sie dort Robben schlachten und Pelztiere fangen zu lassen und so des Zaren Kassen zu füllen. Der Übergang Alaskas in das Eigentum der USA brachte keine Verbesserungen, zumindest nicht während der nächsten hundert Jahre.

Jeder ist sein eigener Herr in Alaska. Die Schneeschuhe an der Hausfassade dieses Anwesens bei Fairbanks künden vom strengen Winter in der Region.

Am Parks Highway zwischen Anchorage und Fairbanks liegt die kleine Ortschaft Nenana. Sehenswert ist das Eisenbahnmuseum, das im Nenana Depot aus dem Jahr 1923 untergebracht ist.

Die Skyline von Anchorage wird weniger von Hochhäusern als von schneebedeckten Gipfeln bestimmt.

Die Ortschaft Tok in Zentralalaska ist für ihre urigen Restaurants bekannt. Die Besucher schätzen die deftige Küche.

In Ester, nahe Fairbanks gelegen, werden die Zeiten des Goldrausches wieder lebendig. Im ehemaligen Goldgräberdorf öffnet im Sommer der «Malamute Saloon» seine Tore – zünftige Unterhaltung ist dann garantiert.

Bevor die Weißen kamen, hatten die Aleuten-Bewohner, die sich selbst Unangan nennen, ein sattes und zufriedenes Leben geführt. Mit ihren seetüchtigen Kajaks schöpften sie die Früchte des Meeres wie aus einem Füllhorn. Dieser ungewöhnliche Reichtum, der nach wie vor anhält, wird auch heute noch genutzt.

«Gestern war ich mit Gästen auf Angeltour. Eine halbe Stunde fuhren wir raus, eine Stunde ging es zurück. In eineinhalb Stunden dazwischen haben wir acht Fische gefangen; einen 180pfündigen Heilbutt, die anderen lagen jeweils zwischen achtzig und hundert Pfund», schwärmt Dareyll Dossett, der Besucher auf seiner Motoryacht mit auf Angeltour nimmt.

Eines der reichsten Fischvorkommen der Erde führt dazu, daß die Einwohnerzahl Unalaskas für wenige Monate während der Fangsaison von 4000 auf 20 000 Menschen klettert. Kein anderer amerikanischer Hafen schlägt mehr Fisch und Krabben um als Dutch Harbor. Bleibt zu hoffen, daß dieser massive Eingriff in den Naturhaushalt des Meeres ohne nachhaltige Folgen bleibt. Denn schon einmal schlug die Natur hier zurück, nachdem die Russen den wegen seines Pelzes begehrten Blaufuchs auf den Inseln heimisch gemacht hatten. Während der nächsten zweihundert Jahre waren die Aleuten eine riesige «Fuchsfarm» – für die einheimische Vogelwelt wurde es eine wahre Katastrophe. Eine erst kürzlich durchgeführte Studie auf nur einer einzigen Vogelinsel ergab, daß dort in einem Sommer zwölf Füchse 31 000 Vögel töteten.

Und doch sind diese fremden Inseln für den Besucher ein kleines Naturparadies. Da lauern beispielsweise auf einem Hügel zehn Weißkopfseeadler auf Beute, während ein Jungvogel mitten im Ort darauf harrt, daß ihm ein mitleidiger Fischer einen Happen zuwirft.

Will man heute die Nachfahren der einst umgesiedelten Aleuten-Bewohner auf den Pribilof-Inseln besuchen, muß man zurück nach Anchorage und von dort nach Saint Paul/Pribilof mitten ins Beringmeer fliegen. Im Juli herrscht hier allerdings Hochbetrieb. Zu Hunderttausenden stellen sich dann Pelzrobben ein, um ihre Jungen zur Welt zu bringen. Dann faulenzen, balgen, schmiegen, turteln, kämpfen, fauchen und grunzen hier fast eine Million dieser Pelzträger auf engstem Raum.

Seit den achtziger Jahren dürfen die Bewohner der Pribilof-Inseln keine Robben mehr für kommerzielle Zwecke schlagen. Doch 2000 Tiere jährlich gesteht ihnen die Regierung für den Eigenverbrauch zu.

Nur wenige hundert Meter von den farbigen Holzhäusern Saint Pauls entfernt, ist man inmitten dieses Naturparadieses, das auf Erden seinesgleichen sucht. Millionen Seevögel wie Klippmöwen, Kormorane und Papageitaucher (siehe Bilder Seite 34/35) nisten in Grotten und Höhlen an den senkrechten Felswänden der Klippen, und aus dem tiefblauen Meerwasser gleiten vollgefressen und speckglänzend die Pelzrobben, von denen nicht wenige eine Reise von vielen tausend Kilometern erfolgreich hinter sich gebracht haben.

MIT SCHIFFEN DURCHS INDIANERLAND – SÜDOSTALASKA

Auch Südostalaska ist reich; reich an Inseln, Gold, Totempfählen und hochentwickelten Indianerkulturen. Reichlich Regen fällt allerdings auch, weshalb man die

Spezialitäten frisch vom Grill – im Restaurant «Gateway Salmon Bake» in Tok gehören sie zum täglichen Angebot.

Reise durch den *Panhandle* («Pfannenstiel») nur gut ausgerüstet antreten sollte. So bezeichnet man die vielen Inseln und Inselchen, die sich von den Wrangell-St. Elias Mountains bis oberhalb Prince Ruperts im kanadischen British Columbia erstrecken. Womit, nahe dem 54. Breitengrad, auch der Südzipfel Alaskas erreicht wäre.

Die Expansion des russischen Pelzhandels unter Alexander Baranof, der 1804 ein Pelzhandelsimperium im südostalaskanischen Sitka errichtete, war der Grund für jene politische Kuriosität, daß der Pfannenstiel nicht Kanada, sondern Alaska zugerechnet wurde. Bei der Übernahme Alaskas durch die USA akzeptierte man diese Grenzen, die bis heute gelten.

Die windgeschützten Fjorde und Passagen der Region sind ein unendliches Paddler-Dorado. Doch auch wer mit den «Blauen Kanus», den großen Autofähren, unterwegs ist, wird Tümmler Kapriolen schlagen und mächtige Wale auftauchen sehen. Und so viele Adler beobachten können, daß er das Zählen rasch aufgeben wird. In dieser Welt des natürlichen Überflusses entwickelten sich die

Fortsetzung Seite 62

1

«DA IST GOLD IN ALASKA...»

Der Traum vom schnellen Reichtum wurde um die Jahrhundertwende für viele Goldsucher in Alaska zur Wirklichkeit. Tausende machten sich auf den Weg.

Alaskas Reichtum begeisterte schon immer. Begehrteste Schätze waren zuerst Otterpelze, dann fand man Gold, zuletzt das Erdöl. Doch keine andere Nachricht beflügelte die Phantasie der Menschen wohl so wie der Aufschrei «Gold». In den Jahren um die Jahrhundertwende mußte das sagenhafte Goldland El Dorado in den Augen vieler in Alaska liegen.

Joe Juneau und Richard Harris gehörten 1880 zu den ersten, die auf das begehrte Edelmetall stießen. Heute trägt Alaskas Hauptstadt Juneau den Namen eines der beiden Glückspilze. In dessen Treadwell Mine wurde Gold im Wert von 66 Millionen Dollar aus dem Boden geholt. Das war ein spektakulärer Auftakt für eine lange Kette weiterer Funde.

Es blieb den Kanadiern George Washington Carmack, Skookum Jim und Tagish Charley vorbehalten, den wohl größten Goldrausch aller Zeiten auszulösen. Zigtausende folgten wie gebannt ihren Spuren, auch ein Mann wie Jack London.

Man schrieb das Jahr 1896. Das Carmack-Trio rastete im heutigen Yukon Territory nahe der Stelle, an der der Klondike River in den Yukon River mündet, an einem Bach, der damals noch den Allerweltsnamen Rabbit Creek (Kaninchenbach) trug. Skookum Jim bückte sich, um zu trinken: «In diesem Moment sahen wir das Zeug liegen, eingeschlossen wie Käse im Sandwich...», wird Carmack später tausendfach auf die immer wieder neu gestellte Frage antworten. Mit diesem Klondike-Goldfund begann eine neue Ära im hohen Nordwesten Amerikas.

Natürlich sickerte das Geheimnis der drei Männer durch, und als 1897 die Dampfer «Portland» und «Excelsior» mit Gold beladen

4

2

3

1 Mit Pickel und Schaufel stellte man sich zum erinnerungsträchtigen Gruppenbild.

2 Um 1900 wurde der Goldwäscher aufgenommen.

3 Mit mehr oder weniger ausgeklügelten Hilfsmitteln wurde versucht, der Erde das kostbare Edelmetall zu entreißen.

4 Die Main Street von Nome 1903. In nur fünf Jahren entstand hier aus dem Nichts eine quirlige Stadt.

5 Harte Knochenarbeit wartete auf die Glücksritter, die sich im hohen Norden Reichtum versprachen. Viele blieben so arm, wie sie gekommen waren, doch einige wurden steinreich.

6 Ein Bild, das um die Welt ging: der Blick auf den Chilkoot Pass im Jahr 1898. Wie die Ameisen quälten sich damals die Goldsucher mit ihrem Gepäck über die in den Schnee gehauenen Stufen zur Paßhöhe, um von dort zu den Goldfeldern am Klondike weiterzuziehen.

in Seattle und San Francisco einliefen, war der Wettlauf um das Gold bereits in vollem Gang. Ihm schlossen sich Briefträger aus New York City ebenso an wie Bankangestellte aus San Francisco, Bauern aus China oder Arbeiter aus Deutschland.

Amerika war in diesem Jahrzehnt von schweren wirtschaftlichen Depressionen gezeichnet, und viele der sogenannten Glücksritter hatten kaum etwas zu verlieren. Amerikanische Medien mischten bei dieser Goldhysterie mit reißerischen Zeitungsartikeln effektvoll mit. Innerhalb weniger Monate entwickelte sich das Eine-Handvoll-Seelen-Dorf Skagway am Ende der Inside Passage zur größten Stadt Alaskas. Nach offiziellen Informationen warteten hier im Frühjahr 1898 knapp 30 000 Goldsucher, um schwerbepackt über den Chilcoot Pass nach Kanada zu gelangen. Die Strapazen waren unsäglich. Doch von wenigen Unglücksfällen abgesehen, meisterten fast alle diese Tortur. Um so härter war dann die Enttäuschung; als sie am Klondike eintrafen, waren die meisten Gold-Claims bereits vergeben.

Just in diesem Moment platzte eine weitere Sensationsmeldung in das überquellende Dawson City: «Goldfunde am Beringmeer!» Daß dabei drei Greenhorns aus Schweden, entgegen aller Erfahrung, schon nach wenigen Wochen des Schürfens einen der größten Goldfunde in der Geschichte Alaskas machten, ging so manchem Oldtimer wider die Natur. Doch so geschah es nun mal im September 1898, dort, wo sich heute das Städtchen Nome befindet. Schon im folgenden Sommer zelteten Tausende Männer nahe der Fundstelle am Anvil Creek. Nomes erste Zeitung, der «Nome Nugget», schwärmte 1899 über die brandneue Stadt mit der Schlagzeile: «Es stimmt, sie ist auf Sand gebaut, doch dieser Sand ist golden!» In der Tat lagen die Goldnuggets im weichen Ufersand des Beringmeers tausendfach verstreut. Reporter in Kalifornien und New York heizten der Aufbruchstimmung mit Zeilen wie dieser ein: «Nome – eine Stadt, in der es keine Entschuldigung mehr dafür gibt, ein armer Hund zu sein.» Das zog natürlich.

Bereits im Sommer 1899 wühlten hier 2000 Menschen, die in Rekordzeit Gold im Wert von zwei Millionen Dollar fanden. Im Herbst lebten schon 5000 Menschen in Nome. Es gab zwölf Lebensmittelläden, eine Brauerei, sechs Restaurants, zwei Hospitäler und zwanzig Saloons.

Das Jahr 1900 überbot alles bisher Dagewesene. Allein im Juni 1900 entstiegen 15 000 Goldsucher den Schiffen. 600 000 Tonnen Fracht wurden in nur einem Monat gelöscht. Am Jahresende war Nome auf 25 000 Einwohner angewachsen. Einer von ihnen war Wyatt Earp, die Westernikone, die durch das berühmte Revolverduell vom O. K. Corral in Tombstone Unsterblichkeit

5

erlangt hatte. In Nome betrieb er, fast zwanzig Jahre nach der legendären Schießerei, die inzwischen mehrfach verfilmt wurde, den Dexter Saloon.

Fast ein Jahrhundert ist seitdem vergangen. Anders als viele Goldrauschorte überlebte Nome. Heute ist es eines der bedeutendsten Wirtschaftszentren am Beringmeer. Jedes Jahr im März macht Nome noch einmal weltweit Schlagzeilen: als Endpunkt des 1860 Kilometer langen Iditarod-Hundeschlittenrennens (siehe Seite 48).

6

Stimmungsvolles Abendlicht, eingefangen während einer Tour durch die Inside Passage. So werden die Wasserrouten des Alaska Marine Highway System durch das Inselgewirr von Südostalaska genannt, die regelmäßig von den «Blauen Kanus», großen Fähren, befahren werden.

großen Kulturen der Tlingit- und Haida-Indianer. Immense Lachsvorkommen sicherten ihren Lebensunterhalt und ließen ihnen viel Zeit für eine Kunst, die am augenfälligsten bei den noch heute entlang der Küste zu bestaunenden Totempfählen (siehe Seite 74) ihren Niederschlag findet.

Unter Baranof wurde Sitka zu einer internationalen Schnittstelle für Kommerz und Kultur. Mit Eis beladene Schiffe fuhren von hier nach San Francisco, Segler voller Pelze gingen nach China. Sitka war reich. 1830, rund ein Jahrzehnt nach Baranofs Tod, hatte es 1300 Einwohner. Ein kleiner Hauch dieses einstigen «Paris des Pazifik» weht heute noch über dem Städtchen – ein unübersehbares Erbe der russischen Zeit ist die Kathedrale St. Michael im Herzen der Stadt.

Die Fährfahrt durch die Inside Passage bis nach Ketchikan im Süden beginnt in Skagway, der Goldrausch-Legende, von der aus sich im Winter 1897/98 30 000 Abenteurer über den Chilcoot Pass zu den Quellwassern des Yukon und weiter zum Klondike-Gold quälten. Heute ist der Chilcoot Trail ein beliebter Wanderpfad.

Nach einem Stopp in Haines wird die Fähre nach Juneau weiterfahren. Nur ein kleiner Sprung ist es von hier per Flugzeug zu den Gletschern im Glacier Bay National Park. Sitka, Petersburg und Wrangell heißen die nächsten Etappen der vier großen Fährschiffe «Columbia», «Malaspina», «Matanuska» und «Taku». Die Landschaft wird südlich von Sitka immer spektakulärer. Dann elektrisiert eine Lautsprecheransage: «Whale backbord». Kameraverschlüsse klicken. Noch liegt der Schnee des letzten Winters in den Hochlagen, und der Le Conte Glacier bildet einen atemberaubenden Kontrast zum Dunkelgrün der Berghänge. Frank ist ein junger Ranger, der für die rührige Forstverwaltung die Gäste an Bord informiert: «Der nächste Stopp ist unser ‹Little Norway of Alaska›.» Daß der Ort Petersburg einmal eine Attraktion werden könnte, ahnte der Norweger Peter Buschmann nicht, als er vor gut hundert Jahren hier eine Fabrik baute, um Fische in Gletschereis gepackt in den Süden zu verschiffen. Der Charme des alten Europa hat sich hier im sonst eher nüchternen Nordamerika erhalten, und die bunten Holzhäuschen tragen skandinavische Motive.

Der Endpunkt dieser großartigen Fährfahrt, Ketchikan, ist gleichermaßen Tor zu Kanada wie zu Alaska – je nachdem, von wo man kommt. Von hier fährt die kanadische Anschlußfähre nach Vancouver Island. Oder aber man entschließt sich, zurück in die Wildnis zu gehen. Es gibt noch viel zu entdecken in Südostalaska, den 800 Quadratkilometer großen Tongass National Forest mit uralten Baumbeständen und menschenleeren Stränden zum Beispiel, und die riesige Bäreninsel Admiralty Island lädt ganz Beherzte zur Fotopirsch ein.

Karibus sind ein wichtiger Bestandteil der alaskanischen Tierwelt. Etwa 800 000 Tiere verteilen sich auf insgesamt 25 Herden, wobei die Western-Arctic-Herde mit 300 000 bis 400 000 und die Porcupine-Herde mit über 150 000 Tieren die größten sind.

Tundra soweit das Auge reicht. Bei Old Man Camp am Dalton Highway bietet sich der für Zentralalaska typische Ausblick.

Auf den holprigen Highways Alaskas ist Einsamkeit der einzige Begleiter – und ein Regenbogen ein willkommener Blickfang.

ALASKA: PLANEN · REISEN · GENIESSEN

INHALT

Der Hundeschlittensport ist in Alaska sehr beliebt, und auch Touristen finden immer mehr Gefallen an dieser außergewöhnlichen Sportart.

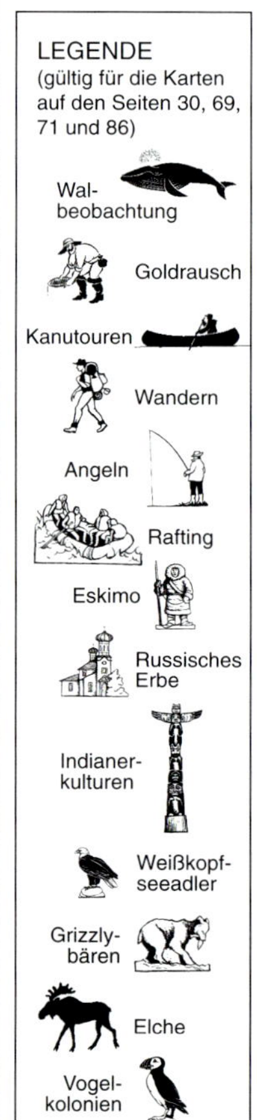

DATEN · FAKTEN · ZAHLEN

Lage und Größe. Selbst für die mit anderer Elle messenden Amerikaner liegt Alaska an der Spitze der Größenskala: Seine Landmasse entspricht einem Fünftel der gesamten Fläche der 48 anderen US-Bundesstaaten. Das rund 1,5 Millionen Quadratkilometer große Gebiet wird vom Pazifik, der Beaufortsee, der Tschuktschensee und dem Beringmeer umspült. Im Osten grenzt Alaska an das kanadische Yukon Territory, im Südosten an British Columbia. Nur rund 600 000 Einwohner teilen sich hier ein Naturparadies mit drei Millionen Seen, mehr als 5000 Gletschern und 3000 großen und kleinen Flüssen. Neunzehn Berggipfel überragen die 4600-Meter-Marke. Der Mount McKinley ist mit 6194 Metern nicht nur der höchste Berg Alaskas, sondern des gesamten Nordamerika.

Politik, Verwaltung, Verteidigung. 1959 wurde der US-Flagge der 49. Stern hinzugefügt, Alaska wurde damit Bundesstaat. Als Staatsflagge übernahm man das bisherige Symbol des Alaska Territory; acht goldene Sterne auf blauem Grund in der Form des Sternzeichens Großer Bär. 1926 hatte der dreizehnjährige Schüler Benny Benson mit diesem Design bei einem Ideenwettbewerb um das beste Flaggenkonzept den ersten Platz belegt. Seitdem wehen seine Farben über Alaska, und Benny Benson wurde ein Volksheld. Alaskas Staatssymbole sind unter anderem die Sitka-Fichte, der Königslachs, das Vergißmeinnicht und – Gold.

Hauptstadt ist das nur 29 000 Einwohner zählende Städtchen Juneau am Nordende des Panhandle, des südostalaskanischen «Pfannenstiels». Regierungschef ist der Gouverneur, die Bundesregierung wird durch die jeweiligen Bundesbehörden repräsentiert. Drei große Armee-Forts unterstreichen auch heute noch Alaskas große Bedeutung als Verteidigungsplattform für den hohen Nordwesten: die Forts Richardson, Wainwright und Greely. Die Airforce ist ebenfalls mit drei Basen vertreten.

Wirtschaft. Die 1288 Kilometer lange Alaska Pipeline von Prudhoe Bay an der Beaufortsee bis zum Verladehafen Valdez am Prince William Sound ist nicht nur eine der großen technischen Meisterleistungen unse-

Sechs Regionen bestimmen Alaskas Geographie: der Küstenstreifen im Südosten, auch Panhandle (Pfannenstiel) genannt; Südzentralalaska am Golf von Alaska; die Aleuten im Südwesten; Westalaska von der Bristol Bay bis zum Polarkreis; Zentralalaska zwischen Alaska Range und Brooks Range und der North Slope (Nordabdachung) nördlich davon.

rer Zeit, sondern das Rückgrat der alaskanischen Wirtschaft. Sie liefert rund 20 Prozent des US-amerikanischen Rohöls. Als Arbeitgeber ist die »Alyeska Pipeline Service Company« auch heute noch – vor allem während der Sommermonate – von enormer Wichtigkeit. Die Staats- und Bundesregierung, die Fischindustrie und der zunehmende Tourismus sind daneben die größten Arbeitgeber. Die Arbeitslosenrate schwankt zwischen 6 und 10 Prozent.

AUSKUNFT

Generelle Informationen bekommt man bei: State of Alaska Division of Tourism, ESTM-Edeltraud Sommer Tourismus Marketing, Pfingstweidstraße 4, 60136 Frankfurt/Main, Alaska-Info-Tel. 01 80/5 21 52 53.
Über die Nationalparks informiert das Alaska Public Lands Information Center, 605 W. Fourth Ave., Anchorage/Alaska 99501-5162, Tel. 907/271/27 37. Auskunft über die Fährverbindungen erteilt: Alaska Marine Highway, P.O. Box 25535, Juneau/Alaska 99802-535. Reservierungen sind innerhalb Alaskas gebührenfrei unter der Telefonnummer 1/800/642/00 66 vorzunehmen. Nähere Informationen über Alaskareisen kann man beim Spezialreiseveranstalter Arktis Reisen Schehle, Bahnhofstraße 13, 87435 Kempten, Tel. 08 31/52 15 90 einholen.

KLIMA UND REISEZEIT

Für alle, die das Land in all seinen Facetten erleben wollen, wird die Antwort auf die Frage nach der besten Reisezeit »immer« lauten. Dank zunehmender Popularität des Hundeschlittensports und entsprechender Angebote für Touristen wird Alaska auch als Winterreisedestination interessant.
Während das Winterklima vor allem in den südlichen Küstenregionen äußerst mild ist (auf den Aleuten-Inseln liegt die Temperatur oft nur knapp unter dem Gefrierpunkt), wird Zentralalaskas Eisbox-Image bei Temperaturen von bis zu minus 50 Grad Celsius nachdrücklich bestätigt.
Für die Mehrzahl der Besucher ist der Sommer die beste Reisezeit. Juni, Juli und August sind die beliebtesten Monate, in denen man durchaus Hitzeperioden mit Temperaturen um 25 bis 30 Grad Celsius erlebt. Zentralalaska hat ein ausgesprochen kontinentales Klima mit kalten Wintern und warmen, trockenen Sommern. Allerdings kühlen die Temperaturen nachts erheblich ab.
Der Herbst spielt sich für nur kurze Zeit im September ab, wenn das Land in eine verschwenderische Farbenpracht getaucht wird. Das ist die hohe Zeit für den Landschaftsfotografen. Doch einen Wermutstropfen gibt es:

WAS ZÄHLT IN ALASKA:
Maße und Zahlen auf einen Blick

Zeit
Der größte Teil Alaskas gehört zur Zeitzone Alaska Standard Time (MEZ minus 10 Stunden). Nur auf vier kleinen Aleuten-Inseln gilt die Hawaii-Aleutian Standart Time (MEZ minus 11 Stunden).

Maße

1 inch = 2,5 Zentimeter	1 pint = ca. 0,5 Liter
1 foot = ca. 30 Zentimeter	1 quart = ca. 0,95 Liter
1 yard = ca. 91 Zentimeter	1 gallon (Benzin) = ca. 3,8 Liter
1 mile = ca. 1,6 Kilometer	1 pound = ca. 450 Gramm

In den USA werden die Maße auf das metrische System umgestellt, derzeit sind beide Systeme in Gebrauch.

Elektrizität
Die Netzspannung beträgt in Alaska, wie überall in den USA 110 Volt; deutsche Stecker passen nicht, man braucht einen Adapter.

Geld
Ein Dollar hat 100 Cent. Münzen gibt es zu 1 Cent, 5 Cent (Nickel), 10 Cent (Dime), 25 Cent (Quarter) und 50 Cent (Half Dollar). Sämtliche Dollarnoten sind gleich groß und grüngrau, also leicht verwechselbar. Größere Beträge werden in den USA fast immer mit Kreditkarte bezahlt.

Temperatur

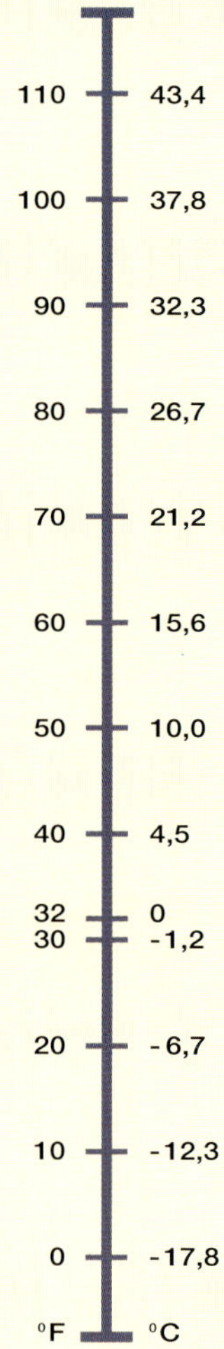

Kleidergrößen

Anzüge	US	36	38	40	42	44	46	48		
	D	46	48	50	52	54	56	58		
Hemden	US	14	14,5	15	15,5	16	16,5	17	17,5	18
	D	36	37	38	39	40	41	42	43	44
Kleider	US	28	30	32	34	36	38	40	42	
	D	36	38	40	42	44	46	48	50	
Schuhe	US	5,5	6	7	7,5	8,5	9	9,5	11	12,5
	D	36	37	38	39	40	41	42	44	46

Telefonieren
Telefonnummern in Alaska bestehen aus einem dreistelligen *Area Code* und einer siebenstelligen Rufnummer. Für internationale Gespräche wählt man die Kennzahl des Landes (01149 für Deutschland, 01143 für Österreich, 01141 für die Schweiz). Nicht immer kann man direkt wählen, oft muß der Operator vermitteln (0 wählen).

Klima

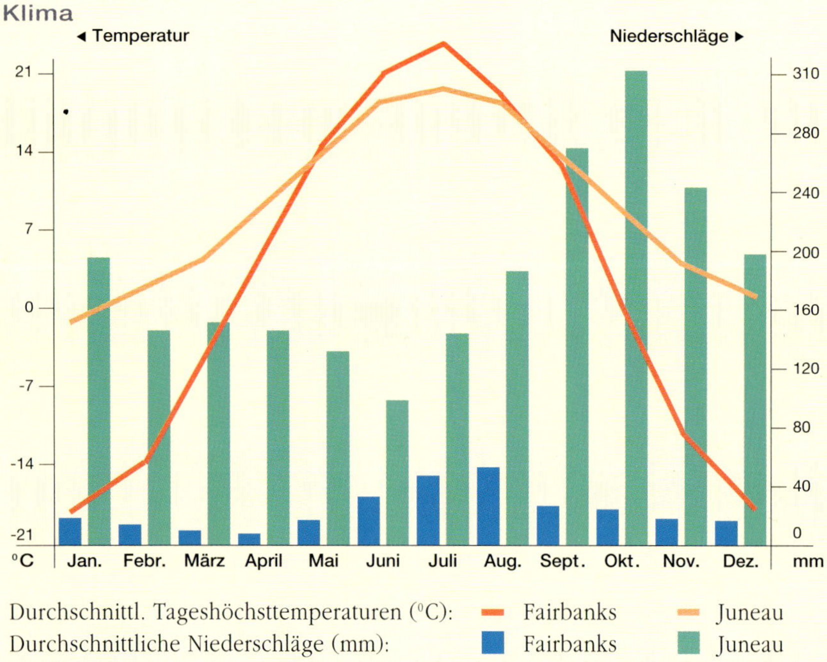

Die Ureinwohner der arktischen Regionen Alaskas, die Eskimo, haben sich großteils der modernen Lebensweise angepaßt. Trotzdem ist ihr Alltag auch weiterhin von traditionellen Tätigkeiten geprägt, etwa dem Walfang (oben) oder der Jagd mit Hilfe von Schneeschuhen (unten). Notwendige Arbeiten werden meist selbst ausgeführt, egal ob im Freien oder in der «warmen Stube» (Bilder in der Mitte).

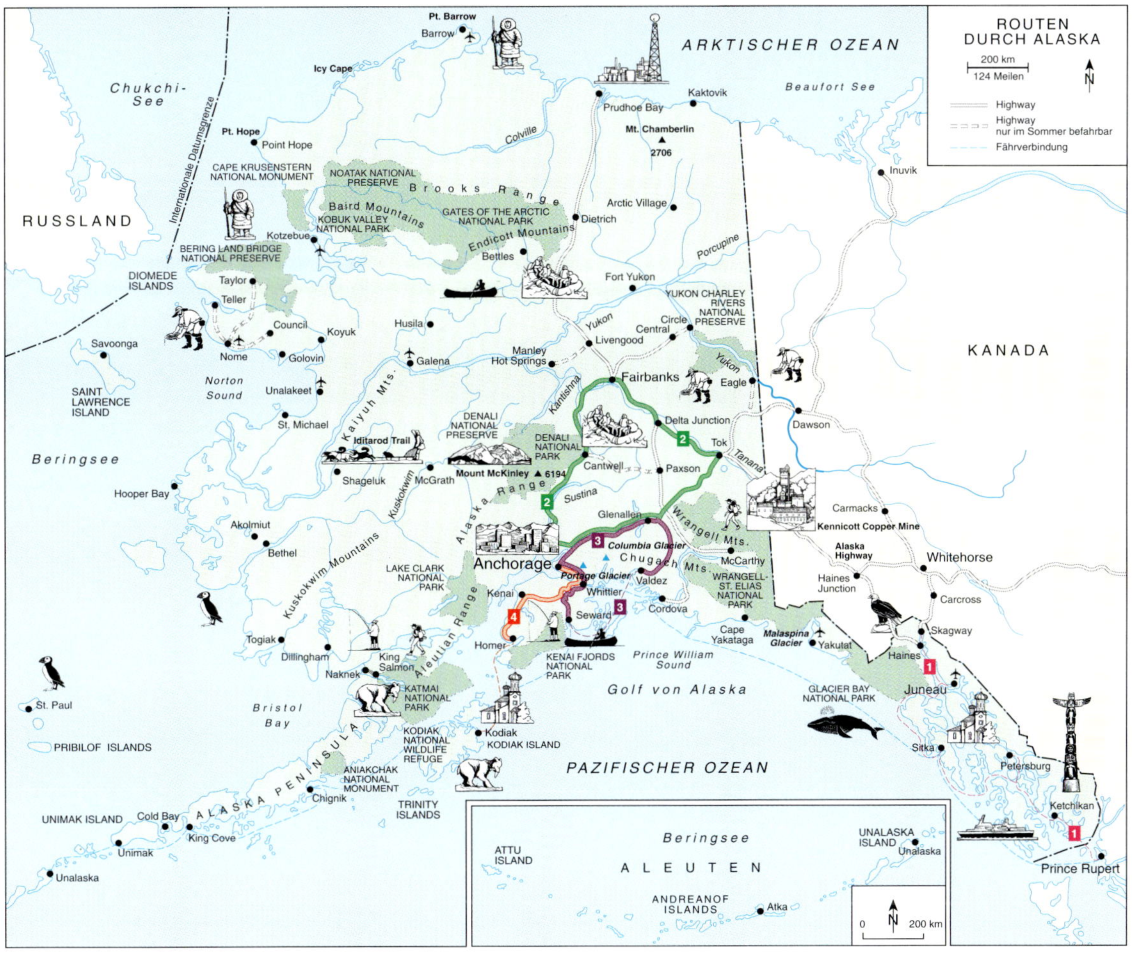

Route 1 führt mit der Fähre vom kanadischen Prince Rupert über Ketchikan, Wrangell, Sitka, Juneau und Haines nach Skagway.

Auf Route 2 fährt man von Anchorage nach Fairbanks. Auf dem Richardson Highway und dem Alaska Highway erreicht man Tok, von wo aus man wieder nach Anchorage gelangt.

Bei Route 3 verläßt man Anchorage Richtung Seward. Von dort geht es mit der Fähre nach Valdez und via Glennallen zurück nach Anchorage.

Route 4 führt auf die Kenai Peninsula nach Homer. Von hier gibt es eine Fähre nach Kodiak.

Rechts: Die «Blauen Kanus» des Alaska Marine Highway System verbinden zuverlässig die Ortschaften des Panhandle und Südalaskas.

Denn bei aller Schönheit beschert der September auch die meisten Niederschläge. Und übergangslos folgt danach der lange Winter. In den südlichen Küstenregionen haben sich Sommerbesucher auf Regen einzustellen. Das gilt für die Aleuten-Kette ebenso wie für den Katmai National Park, für Valdez und den südöstlichen Panhandle. Ketchikan wird nicht umsonst «Regenstadt Alaskas» genannt. Angemessene Schutzkleidung darf im Reisegepäck deshalb nicht fehlen.

ANREISE

Die deutsche Charterfluglinie Condor bietet im Sommer Direktflüge von Frankfurt nach Anchorage an. Dauer: etwa zehn Stunden. Internationale Linienfluggesellschaften, wie zum Beispiel Lufthansa, bedienen Anchorage nach Zwischenlandungen auf anderen amerikanischen Flughäfen. Solche Umsteiger-Flüge sind in der Regel preisgünstiger, aber auch zeitaufwendiger. Auf jeden Fall gilt: rechtzeitig, am besten einige Monate im voraus, den Flug buchen.
Sehr reizvoll ist die Anfahrt mit Fähren des Alaska Marine Highway ab Bellingham (nahe Seattle). Da die Schiffe in den Häfen entlang der Inside Passage (zum Beispiel in Ketchikan und Petersburg) halten, kann die Fahrt dort auch problemlos begonnen, unterbrochen und beendet werden.
Die wichtigste Landverbindung von und nach Kanada ist der Alaska Highway. Wegen der recht langen Anfahrt (zum Beispiel vom kanadischen Vancouver oder Calgary) sollten Einwegmieten vereinbart werden. Der Rückflug gen Heimat kann dann von Anchorage aus angetreten werden.

IM KRANKHEITSFALL

Als US-Bundesstaat bietet Alaska natürlich auch eine gute medizinische Versorgung. In Städten wie Juneau, Anchorage oder Fairbanks ist das Angebot an Zahn-, Allgemein- und Fachärzten etwa dem in Deutschland vergleichbar. Die meisten Operationen werden in Alaska durchgeführt. Wer einer Spezialbehandlung bedarf, wird zumeist nach Seattle ausgeflogen.
Mobilität, die Ureigenschaft ganzer amerikanischer Generationen, ist in Alaska besonders ausgeprägt. Wem in einer der auch im Busch vorhandenen Erste-Hilfe-Stationen nicht geholfen werden kann, der wird im Handumdrehen mit dem nächsten Flugzeug nach Anchorage oder Fairbanks gebracht. Das alles hat natürlich seinen Preis. Als Besucher sollte man bereits im Heimatland eine Auslands-Reisekrankenversicherung abschließen. Da vor Ort Arztrechnungen

MIT DEM MIETWAGEN UNTERWEGS

Zum Mieten eines Wagens genügt der nationale Führerschein, das Mindestalter des Fahrers beträgt 21 Jahre. Obwohl es in den größeren Städten Mietwagenfirmen gibt, empfiehlt es sich (besonders im Sommer), den Wagen schon zu Hause zu buchen: Die Angebote sind günstiger, und die Haftpflicht- und Vollkaskoversicherung, die ratsam sind, sind fast immer im Preis inbegriffen. In der Regel wird eine Mietsicherheit in Höhe von 500 US-Dollar per Kreditkarte hinterlegt. Für die Wintermonate gelten oft Sonderbedingungen, die rechtzeitig zu erfragen sind. Bei der Übernahme des Wagens sollte man sich das Fahrzeug gründlich erklären lassen (nach Reservereifen, Benzinkanister und Abschleppseil fragen). Die Höchstgeschwindigkeit beträgt in Alaska 55 Meilen (89 km/h), innerhalb von Ortschaften 30 Meilen (48 km/h). Die Straßen Alaskas sind nicht gerade in optimalem Zustand. Deshalb empfiehlt sich eine vorausschauende Fahrweise. Die Tagesziele sollten nicht zu hoch gesteckt werden.

sofort zu begleichen sind, ist eine Kreditkarte äußerst dienlich. Medikamente kann man in der Pharmacy, einer Fachabteilung im Supermarkt, erwerben.

KLEIDUNG

Ein leichter Pullover sollte im sommerlichen Reisegepäck genausowenig fehlen wie die Badebekleidung. Auf jeden Fall empfiehlt sich sportlich legere Kleidung, die aus mehreren Lagen besteht (Zwiebelprinzip). So kann man sich den oft wechselnden Tagestemperaturen am leichtesten anpassen. Regenschutz und stabiles Schuhwerk sind unerläßlich. Wer als Wintersportler für ein oder zwei Monate ins Land kommt, beispielsweise zum Mushen (Hundeschlittensport), der wird sich den überwiegenden Teil seiner Kleidung wohl in Alaska kaufen. Winterkleidung ist auch hier nicht gerade billig, auf jeden Fall aber von den Menschen im Land unter Extrembedingungen getestet, und das ist (über)lebenswichtig bei bis zu 40 Grad minus.

REISEN IN ALASKA

Flugzeug. Das Lufttaxi ist hier ebenso selbstverständlich wie anderswo der Linienbus. Kleine Busch-Airlines mit staatlicher Lizenz für den Postdienst versorgen fahrplanmäßig auch kleinste Gemeinden mit allem, was benötigt wird. Die meisten Airlines transportieren nebenbei auch Passagiere. Daß der Besucher sich dabei gelegentlich in einer mit Menschen, Lachs und Schlittenhunden vollgestopften Maschine wiederfindet, ist nicht selten. Spaß macht es allemal, denn hier schlägt, anders als bei der Luxus-Kreuzfahrt durch die Glacier Bay, das wahre Herz Alaskas.
In jeder Siedlung, und sei sie noch so klein, kann man Flugzeuge chartern. Eines muß man aber auch wissen: *Plane crashes*, Abstürze kleinerer Maschinen, sind kein Ausnahmefall. Vor dem Chartern sollte man deshalb bei Ortskundigen Informationen über die Zuverlässigkeit des entsprechenden Unternehmens einholen.

Fähren. Man nennt die großen Autofähren auch »Blaue Kanus«. Zu den wichtigsten Routen zählt die Inside Passage im *Südosten*. Siebenunddreißig Stunden benötigt das komfortable Fährschiff von Bellingham/Washington State nach Ketchikan. Nach weiteren vierzig Stunden Fahrt durch die der Küste vorgelagerte Inselwelt wird via Petersburg und Juneau der Endpunkt Skagway erreicht.
Ebenso beliebt ist die Südzentral-Route, die unter anderem die südalaskanischen Häfen Valdez, Whittier, Seward, Homer und Kodiak miteinander verbindet.
Die Südwest-Route bleibt Passagieren mit stärkeren Nerven, vor allem aber viel Zeit, vorbehalten, führt sie doch von Kodiak in die Wiege der Winde, die Aleuten, nach Unalaska. Generell gilt: Die Fähren des Alaska Marine Highway sind preisgünstig und zuverlässig. Autoreisende sollten daran denken, möglichst rechtzeitig einen Platz fürs Fahrzeug zu reservieren.

Eisenbahn. Eine Bahnverbindung von Alaska nach Kanada bzw. in die übrigen US-Bundesstaaten existiert nicht. Beliebt sind allerdings Fahrten auf der 560 Kilometer langen Bahnstrecke Fairbanks-Anchorage: zwölf Stunden werden dafür benötigt. Ein Highlight ist der Stopp an der Station des Denali National Park.
Ein reiner Touristen-Zug ist die White Pass & Yukon Railroad, die von Skagway aus auf

Oben: Tundraflächen und borealer Wald (Taiga) vor den Ausläufern der Alaska Range bestimmen das Landschaftsbild am Broad Pass, den man auf dem Weg von Anchorage zum Denali National Park passiert.

Links: Outdoor-Aktivitäten gehören zu den reizvollsten Freizeitbeschäftigungen in Alaska. Ein zünftiges Camp mit Lagerfeuer in der Wildnis bleibt unvergeßlich.

Rechts oben: Private Fluglinien mit ihren kleinen Maschinen halten in Alaskas unzugänglichen Regionen die Versorgung und die Kommunikation aufrecht.

jener Trasse fährt, die 1900 für goldhungrige Klondike-Glücksritter gebaut wurde. Der Anschluß zum kanadischen Whitehorse besteht seit einigen Jahren nicht mehr. Dafür aber sind die Eisenbahnwagen authentisch und zum Träumen geeignet, genauso wie die urige Dampflok. Während die Eisenbahnfahrt nach Seward wohl eher die Ausnahme sein wird, sei der Autoreisezug vom Portage-Bahnhof (nicht allzuweit entfernt vom viel besuchten Portage Glacier) nach Whittier empfohlen. Dort stehen Fähren für die Weiterfahrt nach Cordova und Valdez bereit.

Rechts: Eine gute Möglichkeit, mit Einheimischen in Kontakt zu kommen, bieten Bed & Breakfast-Pensionen.

Mit dem Wohnmobil unterwegs. Die Nacht an einem Gletscher, einem Gebirgsfluß oder in der stillen Tundra zu verbringen, gehört zu den zünftigsten und unvergeßlichsten Erlebnissen. Wer dabei ebensowenig auf Komfort wie auf Mobilität verzichten möchte, wird sich ein Wohnmobil mieten. Gängig sind Motorhomes (Wohnmobile) zwischen 5 und 8 Metern Länge. Zur umfangreichen Grundausstattung gehören Radio, Gasherd, Kühlschrank, Mikrowelle, Toilette und Dusche. Wer ein etwas geländegängigeres, kleineres und zudem preisgünstigeres Wohnmobil sucht, sollte einen Pickup-Camper in Erwägung ziehen, einen Truck (Kleinlaster) mit aufgesetztem Campingaufbau.

BLOCKHAUS, HOTEL ODER CAMPINGPLATZ

Hotels. Rund 70 Hotels und Motels bietet der Großraum Anchorage. Trotzdem gibt es im Sommer Engpässe beim Bettenangebot. Das ist dann auch die Zeit, in der die alte Goldrauschmentalität hier und da durchbricht, indem die Zimmerpreise aufs Doppelte angehoben werden.

Reizvoll, volksnäher und viel preisgünstiger können Bed & Breakfast-Unterkünfte sein, von denen es rund 150 in Alaska gibt. Rustikal und zudem recht gediegen sind Lodges, zumeist urige Blockhäuser, in denen sich durchs Panoramafenster die Kulisse Alaskas besonders genüßlich betrachten läßt.

Hütten (Cabins). Gleich mehrere staatliche Stellen unterhalten Hütten in entlegenen und landschaftlich reizvollen Gebieten. Wen der Regen im Panhandle nicht abhält, findet zahlreiche Cabins im Tongass National Forest. Die oft einfachen, doch zünftigen Hütten erreicht man mit Buschflugzeugen, per Boot, manchmal auch zu Fuß. Lebensmittel und persönliche Dinge wie Schlafsäcke sind mitzubringen. Auskünfte über die rund 250 Wildnishütten erteilt das Bureau of Land Management, 222 W. Seventh Ave., Anchorage/Alaska 99513-7599, Tel. 907/271/59 60, Fax 907/272/36 84.

Camping. Ganz gleich ob auf einem der heißbegehrten (und doch selten erhältlichen) Campingplätze im Denali National Park oder auf einem freien Stellplatz irgendwo am Rand des Dalton Highway in der Wildnis der Brooks Range – die Campingleidenschaft verbindet Alaskaner und Nicht-Alaskaner. Niemand nimmt Anstoß daran, wenn das Wohnmobil auf einem Wildnispfad oder einem Parkplatz steht, vorausgesetzt es parkt nicht auf Privatbesitz (private property). Das Angebot kommerzieller Campingplätze ist mit rund hundert Stellplätzen, zumeist zentral und in Straßennähe, zufriedenstellend. Viel stiller und naturnäher sind aber die Campgrounds der Nationalparkverwaltung oder des State of Alaska. Man sollte die örtlichen Touristenbüros danach fragen oder einen Blick in die »Bibel des Nordlands«, den Milepost, werfen, ein sehr empfehlenswertes Buch, das jede alaskanische Straße Meile für Meile genauestens beschreibt.

Alle, die gern dicht am Busen der Natur ruhen, werden sorgsam mit den natürlichen Ressourcen umgehen. Konkret heißt das:

- Kein lebendes Holz für das abendliche Lagerfeuer schlagen (abgestorbene Baumstämme gibt es in Hülle und Fülle).
- Das Lagerfeuer mit einem Ring aus Steinen sichern.
- In Zeiten großer Trockenheit gänzlich auf ein Feuer verzichten. Immer wieder kommt es zu verheerenden Waldbränden.
- Am und auf Moos niemals ein Feuer entzünden. Es glüht auch unter dem vermeintlich gelöschten Ort weiter.

Camping-Informationen in State Parks und National Parks sind beim Alaska Public Lands Information Center in Anchorage zu bezie-

DIE SCHNITZKUNST DER TLINGIT

Wie andere Indianer der Westküste waren auch die Tlingit Meister der Schnitzkunst. Als Material für ihre Totempfähle verwendeten sie das Holz der Zeder. Oft waren ihre Werke Ausdruck einer Vision des Künstlers, manchmal lag auch ein außergewöhnliches Ereignis wie etwa Geburt, Heirat oder Tod einer hochstehenden Person zugrunde. Dargestellt wurden Motive aus der Mythologie, menschliche Gesichter und Tiere: vor allem Adler, Bären, Lachse, Killerwale und Frösche. Die bedeutendste Sammlung der Tlingit-Schnitzkunst befindet sich bei Ketchikan (siehe Seite 84). In dem reichverzierten Potlatch-Haus, in dem früher zeremonielle Feste abgehalten wurden, baute man den Eingang besonders niedrig. So zwang man die Besucher, sich zu bücken. Waren sie unerwünscht, zog man ihnen die Keule über den Schädel!

hen. Anchorage-Reisende sollten ihm unbedingt einen Besuch abstatten, da man sich hier hervorragend informieren kann.

ESSEN UND TRINKEN

Wer vor allem der Natur wegen in die Wildnis Alaskas reist, wird keinen Gourmet-Tempel erwarten und folglich auch kaum enttäuscht sein. Viele Restaurants und Hotels beschäftigen während der Hauptreisemonate Hilfskräfte, was sich nicht selten in der Qualität des Essens niederschlägt. In Küstenorten gibt es jedoch eine Reihe hervorragender Seafood-Restaurants, in denen Meeresfrüchte wie Lachs, Garnelen und Königskrabben fangfrisch auf den Tisch kommen. In Restaurants der gehobenen Klasse sollte man sich zuvor anmelden. Man wartet auch, bis einem ein Platz zugewiesen wird.

Für Zwischenmahlzeiten stehen Fastfood-Ketten wie McDonald's und Burger King mit ihren Cheeseburgern und French Fries (Pommes Frites) bereit.

Da ein Alaska-Urlaub ohne flackerndes Lagerfeuer und selbstgegrillte Steaks kaum vorstellbar ist, wird man sich auch des reichlichen Angebots der Supermärkte bedienen.

SOUVENIRS

Elfenbein- und Specksteinschnitzereien der Eskimo sind ebenso begehrte Motive wie aus Holz gefertigte Masken und die typischen Malereien der Küstenindianer. Hervorragend verarbeitet sind Pelzartikel, zum Beispiel Biberpelzmützen oder Elchleder-Moccasins, die in mühseliger Kleinarbeit von Indianerfrauen nach traditionellen Vorlagen hübsch mit Perlen verziert werden.

Das Leben in Alaska ist nicht billig – und so haben diese Produkte zumeist einen hohen Preis. Doch dafür tragen sie auch nicht den Aufkleber »Made in China«.

FEIERTAGE

Banken und andere öffentliche Gebäude sind an den nachstehenden gesetzlichen Feiertagen (Public Holidays) geschlossen: Neujahrstag (1. Jan.), Martin-Luther-Memorial-Day (3. Mo im Jan.), President's Birthday (3. Mo im Febr.), Memorial Day (letzter Mo im Mai), Independence Day (4. Juli), Labour Day (1. Mo im Sept.), Alaska Day (18. Okt.), Veteran's Day (11. Nov.), Thanksgiving Day (4. Do im Nov.), Christmas Day (25. Dez.).

SPORTLICHE AKTIVITÄTEN

Kanu- und Kajakfahren. Abertausende Seen und Flüsse machen Alaska zum Paddler-Dorado ohne Ende. Dabei werden die unterschiedlichsten Wünsche zufriedengestellt. Der Yukon River ist ein toller Fluß für jene, die das Leben in den Buschgemeinden Zentralalaskas studieren wollen. Im Frühjahr nach der Schneeschmelze ist der Yukon River allerdings ungestüm und wegen vieler Strudel nicht ungefährlich. Das legt sich im Lauf des Sommers, wenn der Wasserspiegel sinkt, die Strömung behäbig wird und zahlreiche Sandbänke zum Zelten einladen. Kobuk River und Noatak River nördlich des Polarkreises zählen zu den begehrten Wildnisflüssen, genau wie der Novitna River im gleichnamigen Schutzgebiet.

Eines aber haben alle Flußtrips gemein: Der Transport zum und vom Start- und Endpunkt ist schwierig. Ein Buschflugzeug zu chartern, an dessen Schwimmkufen das Kanu angebunden wird, läßt sich kaum vermeiden. Wer Kanutouren im Novitna-Tierschutzgebiet unternehmen und dabei auch Blockhüttenromantik erleben will, wende sich an: Timberwolf Guiding Service, Alex Tarnai, P.O. Box 70187, Tanana/Alaska 99777, Tel. und Fax 907/366/7225. Zur Vorbereitung und Planung wird das auch in Deutschland erhältliche Buch von Karen Jettmar »The Alaska River Guide« mit mehr als hundert Flußbeschreibungen empfohlen.

Hundeschlittensport. Diese Sportart gewann in den letzten Jahren hohe Zuwachsraten. Dabei braucht man sich heute nicht einmal mehr für die großen Sportereignisse wie Iditarod- und Yukon Quest-Rennen (siehe Seite 48) zu qualifizieren, um jene Bretter unter seinen dick gepolsterten Schuhen zu spüren, die für einen Alaskaner die Welt bedeuten. Spezialveranstalter bieten von Deutschland aus Reisen zum Start des Iditarod in Anchorage an. Wer selbst Mushen,

»Bald Eagle«, der Weißkopfseeadler, gehört mit über 2,40 Meter Flügelspannweite zu den mächtigsten Greifvögeln. Besonders im Südosten Alaskas ist er häufig zu beobachten.

Bis zu den Hüften im Wasser stehen, die Angel auswerfen und einen kapitalen Fang an Land ziehen – in Alaskas fischreichen Gewässern ist dieser Wunsch ein aussichtsreiches Unternehmen.

Kälteempfindlich sollte man nicht sein, wenn man mit seinem Hundegespann in der weißen Wildnis unterwegs ist.

Ein Erlebnis der besonderen Art ist eine Tour mit dem Hundeschlitten durch das winterlich verschneite Alaska.

das heißt ein Hundegespann führen will, kann dies zum Beispiel bei Tozitna River Huskies am Yukon River lernen: Tozitna River Huskies, Bill Fliris, P.O. Box 132, Tanana/Alaska 99777, Tel. und Fax: 907/366/7245; deutsches Büro: Dirk Dittmar, Fliederweg 3, 90587 Veitsbronn, Tel. und Fax 0911/7530827. Nach einer Einführung in den Hundeschlittensport steht den Gästen ein eigenes Hundeteam sowie eine Blockhütte zur Verfügung. Der Autor des vorliegenden Bildbands kann allen Wildnisfans diesen außergewöhnlichen Sport nur empfehlen. Interessierte können sich im vom selben Autor veröffentlichten Buch «Husky-Trail – Mit Schlittenhunden durch Alaska», in dem über das Leben mit Huskies und die Befahrung des Iditarod Trails auf eigene Faust berichtet wird, informieren.

SEHENSWERTE ORTE UND LANDSCHAFTEN VON A BIS Z

Ziffern im Kreis verweisen auf die Karte auf Seite 69, kursive Seitenzahlen am Ende des Textes auf Abbildungen.

Aleuten ①. Wie ein ausgestreckter Finger zieht sich die «Aleutian Range» mit ihren wildzerklüfteten Bergen tausend Kilometer durch Südwestalaska, bis sie im Meer versinkt. Die sich anschließende aleutische Inselkette ist die Fortsetzung dieses langgezogenen Gebirgsgürtels. Rund zweitausend Kilometer erstrecken sich die «Aleutian Islands» nach Westen, wo sie die internationale Datumsgrenze und damit auch Rußland berühren. Aleuten heißen auch die Urbewohner dieser sturmgepeitschten Region. Bevor die Weißen kamen, lebten rund 20000 von ihnen hier.

Doch die vordringenden russischen Pelzhändler behandelten sie ab 1751 wie Leibeigene im eigenen Land – wobei sich die neuen Herren nicht scheuten, sich der im Lauf von Jahrtausenden entwickelten hervorragenden Jagd- und Fangtechniken der Urbewohner zu bedienen.
Die «Inseln am Rand der Welt» sind heute bequem per Flugzeug zu erreichen. Planmäßige Flüge führen von Anchorage nach *Dutch Harbor*, wo das sehr gute *Grand Aleutian Hotel* für Komfort sorgt. Doch auch an der Schwelle zum 21. Jahrhundert ist für eine Reise in die «Wiege der Winde» ausreichend Zeit einzuplanen. Wetterturbulenzen können auch den Flugplan durcheinanderwirbeln.

Anchorage ②. Etwa die Hälfte aller Alaskaner (gut 250000) lebt hier. Doch «Anchorage ist nicht Alaska», behaupten die, die in ihrer Blockhütte tief in der Wildnis leben. Aus einer Zeltstadt für Bahnarbeiter am Ankerplatz (Anchorage) an einer Bucht des Cook Inlet hat sich erst ab 1915 die Siedlung entwickelt. Eine sehr junge Stadt also, die heute der wirtschaftliche Nabel Alaskas ist. Die zentrale Lage an der Schnittstelle des Flugverkehrs zwischen Asien, Amerika und Europa brachte Anchorage den Beinamen «Air Cross Roads of the World» ein.
Man erwarte hier keine beeindruckende Architektur. Gesichtslose Büro- und Einkaufszentren säumen die rechtwinklig angelegten Straßen der Innenstadt. Doch schon wenige Kilometer außerhalb sorgt die Natur für den optischen Paukenschlag.
Nicht versäumen sollte man einen Besuch des *Alaska Public Lands Information Center* mit seinen hervorragenden Informationen über National Parks und State Parks. Lohnend ist das *Anchorage Museum of History & Art* mit guten Ausstellungen über Geschichte und Lebensgewohnheiten der Ureinwohner bis hin zur Besiedlung durch die Weißen.
Im *Eklutna Native Village* – eine Stunde Fahrtzeit von der Innenstadt entfernt – trifft man auf den ältesten Athabasca-Indianerfriedhof der Region mit mehr als achtzig *Spirit Houses*, kleinen farbig bemalten Hütten über Gräbern. Einer der beliebtesten Ausflüge führt zum *Portage Glacier*, Alaskas meistbesuchtem Gletscher. Spektakulär ist die Gebirgs- und Fjordszenerie schon während der Anfahrt entlang dem Cook Inlet. Im Sommer lohnt dabei ein Stopp in der historischen *Crow Creek Mine*, wo sich der heutige Besucher mit etwas Glück sein eigenes Gold waschen kann. *56/57, 94*

Barrow ③. Fünfhundertfünfzig Kilometer nördlich des Polarkreises liegt dieser Ort. Damit ist er die nördlichste Siedlung Alaskas. Unmittelbar an der stürmischen Küste zwischen Beaufortsee und Tschuktschensee gelegen, erfreuen sich seine 3500 Bewohner

Anchorage unterscheidet sich kaum von anderen US-amerikanischen Großstädten: Häuserfluchten und Autos bestimmen das Straßenbild.

Fortsetzung Seite 82

ALS ALASKA ERZITTERTE

Das Erdbeben von 1964

Immer wieder kommt es in der vulkanischen Region der Aleuten zu Erdbeben. 1964 wurde eine starke Erschütterung mit nachfolgenden Tsunamis (Riesenwellen) zur Katastrophe für Alaskas Südküste.

Anchorage's Fourth Avenue, die pulsierende Ader der größten Stadt Alaskas, glich danach einem Trümmerfeld. Kaufhausfassaden waren auf geparkte Autos gestürzt, die Fahrbahndecke war stellenweise 3 bis 4 Meter tief eingebrochen.

Erdbeben sind nichts Ungewöhnliches in Alaska. Doch die meisten geschehen draußen an der «Kette». So nennen viele die vulkanische Kette der Aleuten-Inseln.

Vernichtende Folgen hatte das Erdbeben von 1964 vor allem für Alaskas Städte. Ganze Straßenzüge wurden verwüstet.

«Ich schaltete gerade den Fernseher ein, als sich die Erde zu schütteln begann», erinnert sich John Bagoy, der sein ganzes Leben in Anchorage verbracht hat. «Ich stürzte auf den Fußboden und kam nicht wieder hoch. Gut 4 Minuten dauerte der ganze Spuk. An dem Tag verlor ich mein Geschäft. Das Haus war in der Mitte auseinandergebrochen, hatte Feuer gefangen und war vollständig abgebrannt.»

Während John Bagoy noch auf dem Boden lag, drehte sich Leutnant Bernosky, ein auf Kodiak Island stationierter Soldat, der gerade dabei war, mit einem Freund Biberfallen zu inspizieren, um und sah, wie eine mehrere Meter hohe Welle geisterhaft-lautlos in Richtung Inland rollte und dabei seinen Geländewagen wie einen Spielball vor sich herschob.

Es war 17.36 Uhr am 27. März 1964, einem Karfreitag. Vielen Menschen in Alaska erschien dieser Tag wie das Jüngste Gericht. Ganze Küstenstreifen verschwanden damals metertief unter der Wasseroberfläche, Ortschaften wurden zerstört. Für Alaskaner gab es danach die Zeitrechnung «vor» und «nach» dem Erdbeben, das über eine Distanz von 800 Kilometern mit der 12 000fachen Kraft einer Hiroshima-Atombombe – so schätzten Experten – das Land und das Leben veränderte. Der Schaden belief sich auf über 750 Millionen Dollar, mehr als das Hundertfache der Summe, die die USA für den Kauf Alaskas gezahlt hatten. Viertausendfünfhundert Menschen verloren ihre Häuser. Daß letztlich insgesamt «nur 115» Menschenleben zu beklagen waren, erscheint – angesichts des Ausmaßes dieser Naturkatastrophe – fast wie ein Wunder.

Rund 60 Kilometer westlich von Valdez, im Prince William Sound, hatte sich das Epizentrum des Bebens mit der Stärke 9,2 auf der nach oben offenen Richterskala befunden. Doch es waren nicht die Erschütterungen der Erdkruste, die das zu dieser Zeit 1100 Einwohner zählende Städtchen Valdez zum Geisterort machten.

Bernhard Whalen war einer von denen, die damals die Fracht des 10 000-Tonnen-Frachters «S. S. Chena» löschten. «Es kam aus dem Fjord, unmittelbar nach dem Erdbeben, wie ein riesiges Seeungeheuer», berichtet er. Durch das unterseeische Beben hatten sich gewaltige Tsunamis, Riesenwellen, gebildet, die wie eine Wasserwand auf Valdez zurasten. Innerhalb von Sekunden war der gesamte Hafenbereich zertrümmert und in einem gewaltigen Sog ins Meer hinausgezerrt worden. Mit ihm verschwanden 30 Menschen.

Dieser Tag war das Ende von Old Valdez. Viele der Gebäude, die das Erdbeben überlebt hatten, wurden demontiert und an geschützterer Stelle wiederaufgebaut.

Der Fischerort Kodiak verlor in der Schrekkensnacht 77 seiner insgesamt 160 Fischerboote. Ein 10 Meter hoher Wasserwall drückte 150 Tonnen schwere Boote wie Nußschalen hoch und schleuderte sie bis zu drei Straßenblöcke tief in den Ort hinein. Kodiaks kleiner Supermarkt trieb schon auf den Fluten im Meer, wechselte dann aber den Kurs, wurde von einer Welle zurückgeworfen – und fand sich an Land nicht allzuweit von seinem ursprünglichen Standplatz wieder.

Wer heute durch Seward, dem Tor zum Kenai Fjords National Park, bummelt, braucht viel Phantasie, um sich das Ausmaß der Zerstörung von 1964 vorzustellen. Der Sachschaden war hier am größten.

Aber auch kleinere Ortschaften wurden zerstört. Beispielsweise Chenega Village, ein Dörfchen auf einer Insel südlich von Whittier, von dessen 80 Bewohnern 23 ums Leben kamen. Die Flutwelle erfaßte hier alle Gebäude außer der Schule und einem einzigen Wohnhaus.

Und wie sieht es heute aus? Hier und dort wird man immer noch an den «schwarzen (Kar-) Freitag» von 1964 erinnert. Bei der Fahrt entlang dem Turnagain-Wasserarm in Richtung Portage Glacier etwa, wo der Erdboden tief absank und sich tote Bäume auch mehr als dreißig Jahre nach dem Ereignis wie knochige Geisterfinger in den Himmel recken. Vielleicht auch trifft man auf einen alten Indianer, der von der Weisheit seines Volkes zu berichten weiß: von der Riesenschildkröte zum Beispiel, die die Welt auf ihrem Panzer trägt. Und immer wenn sie das Gewicht auf ihrem Rücken ausbalanciert, erbebt die Erde.

Auf den ebenso steilen wie schroffen Felsklippen des Kenai Fjords National Park bringen Zigtausende von Meeresvögeln ihren Nachwuchs zur Welt.

Im warmen Abendlicht spiegelt sich der Mount McKinley in der ruhigen Wasserfläche. So klar sieht man den Eisriesen nur selten.

Fast alle Gletscher der Glacier Bay befinden sich auf dem Rückzug. Der Johns Hopkins Glacier am Ende der Bucht allerdings züngelt weiterhin langsam, aber stetig Richtung Meer.

DER «KRIEG» UM DEN LACHS

Lachsfang in der Bristol Bay

Im Sommer, wenn die Lachse in ihre Geburtsflüsse ziehen, kommt es in der sonst ruhigen Bristol Bay zu hektischen Szenen: Der Kampf um die Fangplätze beginnt.

Die großen Braunbären im Katmai National Park wußten es schon immer – etwa dort, wo der Naknek River in die Bristol Bay des Beringmeers fließt, fängt man die fettesten Lachse. Die Natur ist verschwenderisch mit dieser Region. Karibuherden von bis zu 15 000 Tieren ziehen hier im Winter durch, und im Sommer erlebt die Bristol Bay eine der größten Lachszüge Alaskas.

Weniger als eine Handvoll kleiner Orte schmiegen sich an die Bucht; King Salmon, Naknek und South Naknek. Rund 1500

Ein «harter Kerl» mit prächtiger Beute.

Menschen leben hier. Doch das ändert sich im Juni, wenn plötzlich die Bevölkerungszahl auf 27 000 schnellt. Dann nämlich liegen die Dollars in Form großer Lachse in der Bristol Bay. Von etwa 58 Millionen Sockeye-Lachsen (Blaurückenlachs), die in die fünf in die Bristol Bay einmündenden Flüsse zurückschwimmen, gehen den Fischern in Spitzenzeiten innerhalb weniger Wochen 44 Millionen in die Netze.

Doch die Zeiten waren nicht immer so rosig: Um den Lachsfang zu kontrollieren, gab die alaskanische Fischereibehörde Mitte der siebziger Jahre 1800 als *Permits* bezeichnete Fangerlaubnisse aus, von denen die meisten an ortsansässige Fischer gingen. «Manche machten ihre Permits schnell zu Geld: Das heißt, sie verkauften sie für rund 5000 Dollar», sagt Tim Cook, der seit damals dabei ist.

Dann kam das Jahr 1979, und mit ihm begannen die Veränderungen. Die örtlichen Verarbeitungsfabriken, die den Fischkauf und damit den Preis kontrollierten, hatten in diesem Jahr 78 Cent pro Pfund geboten. Den Fischern schien das gutes Geld zu sein...

«Doch bereits am zweiten Tag der Saison tauchte ein riesiges japanisches Verarbeitungsschiff auf. Über die Reeling hingen ein paar Männer und brüllten uns zu: ‹Ein Dollar neunundzwanzig pro Pfund! Bar auf die Hand!› Das war sensationell. In den Jahren davor hatte es erst gegen Ende der Saison Geld von unseren Fabriken gegeben. Klar, daß wir wie toll verkauften», erinnert sich Tim.

Der neue Reichtum durch die japanischen Lachs-Dollar veränderte die Menschen und das beschauliche Leben im Ort. «Besonders die flußaufwärts lebenden Indianer hatten Probleme mit dem ungewohnten Geldsegen», weiß Tim Cook. «Allein im Jahr 1980 brachten mehrere Frachter aus dem Süden 32 brandneue Fischerboote in die Bristol Bay. Doch bereits im selben Jahr begann der katastrophale Preisverfall bei Lachs. 1981 hielt das an. Viele Fischer saßen nun auf den Schulden für ihr Boot und waren gezwungen, ihre Fisch-Permits zu verkaufen. Der Preis dafür war bereits auf 15 000 Dollar geklettert. Soviel Geld konnten nur die bieten, die aus den südlichen Bundesstaaten kamen. Und die machten jetzt das Geschäft ihres Lebens. 1985 erhielten sie pro Pfund Lachs zwei Dollar fünfzig. Manche Fischer zogen in der nur dreiwöchigen Saison 300 000 Pfund an Bord – das war eine Dreiviertelmillion Dollar! Das Permit wurde jetzt zum Spitzenpreis von 250 000 Dollar gehandelt.»

Eine «Schlacht» um den Lachs führen auch diese Grizzlies.

Tim Cook erzählt vom Kampf um den Lachs.

Nach diesen wilden Anfangsjahren ist beim Fischfang an der Bristol Bay Routine eingekehrt. Nur gelegentlich finden sich noch Anklänge an die Schlacht ums große Geld. Tim lächelt. «Zu Beginn der jährlichen Fangsaison werden rund 900 der insgesamt 1800 Boote an die Johnson Hill-Linie fahren. Dort kommen die Lachse zuerst an. Dann versuchen die Besatzungen mit modernsten technischen Hilfsmitteln, die Schwärme unter Wasser zu orten. Genau auf die von der Fischereibehörde festgelegte Sekunde werden die Netze ausgeworfen. Jeder weiß, die meisten Lachse fängst du innerhalb der ersten fünf Minuten.»

Die Mannschaften arbeiten mit der Präzision von Maschinen, schließlich liegt das ganz große Geld in der Luft. Dort dröhnen die gecharterten «spotter planes», Flugzeuge zur Luftaufklärung, die die Lachszüge als erste orten sollen. Unten belauern sich die Boote. Die Mannschaften sind nervös. Nicht selten arbeiten sie 72 Stunden ununterbrochen, die Nerven liegen blank, und im Kampf um die besten Fangplätze rammen sich die Schiffe schon mal. Oder die Männer bewerfen sich mit Bierdosen und drohen mit den Fäusten. Eine aufregende, aber auch gefährliche Zeit in der Bristol Bay. Combat fishing, Nahkampf-Fischen, nennen sie das hier.

Doch schon Ende August wird es wieder ruhig in Naknek. Dann stehen die Fangboote auf dem Trockendock, und die Fischfabriken werden bald schließen. Nur die Einheimischen dürfen jetzt noch für den Eigenverbrauch fangen. Genau wie die großen Braunbären, die tagtäglich fetter werden, bis ihnen die feisten Wänste über den Boden schleifen. Dann wird es still an der Bristol Bay, bis zur nächsten Lachsschlacht, in neun Monaten.

1

zwischen Mai und Anfang August 82 Tage lang der Mitternachtssonne. Die arktische Nacht hingegen zieht zwischen November und Januar für 51 Tage auf.
Reiche Erdölfunde an der *North Slope* bei Prudhoe Bay (siehe Seite 29) brachten neben Wohlstand auch die Annehmlichkeiten der Zivilisation in den hohen Norden. Barrow ist eine der größten Eskimosiedlungen Alaskas. Doch nur wenige Menschen pflegen die traditionelle Lebensart. Hundeschlitten sind als Transportmittel zwar vereinzelt noch im Einsatz, doch zunehmend setzen sich Motorschlitten durch. Neben dem Erdölgeschäft hat sich die Anfertigung von Handarbeiten (Elfenbein- und Knochenschnitzereien, Eskimopuppen) zu einem weiteren wirtschaftlichen Standbein entwickelt. Barrow ist täglich mit Linienflugzeugen von Anchorage und Fairbanks aus zu erreichen.

Bethel ④. Die Eskimo nannten den Platz *Mumtrekhlagamute*, «Räucherhaus-Leute» heißt das, denn hier stand ein großes Gebäude zum Räuchern und zum Konservieren von Fisch. Als Missionare 1885 an gleicher Stelle eine Kirche bauten, tauften sie diese auf den Namen Bethel. Aus der

2

Missionsstation wurde einer der größten Orte Westalaskas. Das knapp 5000 Einwohner zählende Städtchen ist heute ein wichtiges Verwaltungszentrum mit dem Sitz der Fish & Wildlife-Behörde und dem Büro für Indianerangelegenheiten. Für 57 Kleinstsiedlungen des mächtigen Yukon-Kuskokwim-Deltas ist Bethel der Nabel der Welt und Versorgungsmittelpunkt. Dank seiner Lage im größten Tierschutzgebiet der USA, dem *Yukon Delta National Wildlife Refuge*, ist es ein Dorado für Ornithologen.

Brooks Range ⑤. Die langgestreckte Gebirgskette nördlich des Polarkreises trennt die fast völlig menschenleere, baumlose Küstenregion von den Wäldern Zentralalaskas. Einige der bedeutendsten Flüsse der alaskanischen Arktis entspringen hier, etwa *Kobuk River* und *Noatak River*, die wegen ihrer Schönheit und Unberührtheit abschnittsweise zu Naturreservaten erklärt wurden.
Das Klima der Brooks Range ist hart; 55 Grad minus sind keine Seltenheit. In dieser Welt der Extreme entwickelte sich eine reiche Fauna mit Dall-Schafen, Wölfen, Grizzlies und Elchen. Zwei der größten Karibuherden, die Western-Arctic-Herde und die Porcupine-Herde, durchziehen die Brooks Range im Frühjahr von der Küste kommend Richtung Tundra, wo sie ihre Jungen zur Welt bringen. *44, 45, 52, 53*

Delta Junction ⑥. Auch wenn Fairbanks gemeinhin als Endpunkt des Alaska Highways gilt, endet diese Legende des Nordens in Wirklichkeit nach 2288 Straßenkilometern in Delta Junction. So ist dann auch die Ortsgeschichte eng mit dem Straßenbau verknüpft. 1919 entwickelte sich Delta Junction am Ufer des Delta River aus einer Siedlung für Straßenarbeiter, die den Richardson Highway bauten. Sehenswert ist das *Besucherzentrum* mit Ausstellungen über die *Alaska Pipeline*. Fünfzehn Kilometer nördlich davon überspannt der silberne Leib der Pipeline den *Tanana River* – ein lohnendes Besucherziel und Fotoobjekt.

Diomede Islands ⑦. Entlegen, windgepeitscht und einsam liegen die beiden Inseln *Little Diomede* und *Big Diomede* genau zwischen Alaska und Sibirien im Beringmeer. Ein 4 Kilometer langer Wasserstreifen erstreckt sich zwischen ihren Bewohnern. Doch da ist noch mehr Trennendes: Big Diomede ist russisch, Little Diomede amerikanisch.
Wenn sich die Einwohner von Little Diomede aus dem Fenster lehnen und zur anderen Insel rüberschauen, sehen sie bereits den nächsten Tag: zwischen den Inseln verläuft die internationale Datumsgrenze.

Eagle ⑧. Eigentlich sah es so aus, als würde Eagle am Ufer des Yukon River die Hauptstadt Alaskas werden. Das war 1898,

3

zur Zeit des Goldrausches, als hier 1700 Menschen lebten. In Eagle stand das erste Gerichtsgebäude, und hier sprach der legendäre Richter Wickersham Recht. Doch die Goldfunde von Fairbanks warben die Glücksritter bald wieder ab. Heute leben 150 Einwohner in dem Dörfchen, von dem die lokale historische Gesellschaft behauptet: «Eagle ist ein aufgeschlagenes Geschichtsbuch». Der Ort ist über den Taylor Highway zu erreichen. Am besten läßt sich die Weite

4

5

und Unberührtheit Alaskas von hier aus bei einer Kanutour durch das Naturschutzgebiet des *Yukon/Charley Rivers National Preserve* (siehe Seite 88) erleben.

Fairbanks ⑨. Die Metropole des eisigen Zentrums steht – was seine wirtschaftliche Bedeutung anbelangt – im Schatten von

1 Der gleißende Eispanzer des Mount-McKinley-Massivs scheint zum Greifen nah.

2 In den Feuchtgebieten entlang der Südküste Alaskas sucht der Große Gelbschenkel nach Nahrung.

4/5 Traditionelle Tänze und Gesänge werden schon an die kleinen Kinder weitergegeben.

3 Weite Täler, mit Tundra bedeckte Hügel und Schneegipfel: Die Brooks Range im Norden zählt zu den einsamsten Regionen Alaskas.

6 Die Wandmalerei erinnert auch im Sommer daran, daß in Fairbanks im Winter die Temperaturen bis unter 40 Grad minus rutschen.

Anchorage. Gleiches gilt für die Einwohnerzahl. In Alaskas «Golden Heart City» (der Stadt im goldenen Herzen) leben, zählt man das Umland hinzu, rund 80 000 Menschen. Wenn auch Fairbanks Stadtbild nicht gerade durch architektonische Reize besticht, so macht es doch seine zentrale Lage zum «Sprungbrett in die Wildnis». Über den – bis vor kurzem den schweren Pipeline-Versorgungs-LKW vorbehaltenen – Dalton Highway, der nördlichsten Straße des Kontinents, kann Deadhorse an der Prudhoe Bay erreicht werden. Lohnend sind auch Fahrten auf dem Steese Highway nach *Circle* am Yukon River oder die Fahrt via Alaska Highway in Richtung *Yukon Territory*.

Fort Yukon ⑩. Wo zwei der mächtigsten Ströme Alaskas, der Porcupine River und der Yukon River, aufeinandertreffen, befindet sich die Indianersiedlung Fort Yukon (etwa sechshundert Einwohner). Pelzhändler der Hudson's Bay Company hatten sie im Jahr 1847 gegründet. Doch die meisten Fremden lockte das Gold ins Indianerland. Ihre mitgebrachten Krankheiten waren verheerend für die ortsansässigen Athabasca-Indianer.
Auf dem Friedhof ruht auch einer der bemerkenswertesten Männer Alaskas: der Erzdiakon Hudson Stuck, der seine Gemeindemitglieder auch im entlegensten Winkel Alaskas per Hundeschlittengespann besuchte und 1913 zu den Erstbezwingern des Mount McKinley gehörte. Sehr lesenswert ist sein noch heute erhältliches Buch «Ten Thousand Miles with a Dog Sled».

Haines ⑪. Die Kleinstadt am Nordende der *Inside Passage* (siehe Seite 59 f.) lockt mit einem Rekord: Zwischen Oktober und Januar versammeln sich nur wenige Kilometer außerhalb am *Chilkat River* auf einem schmalen Ufersaum bis zu 3000 Weißkopfseeadler (Bald Eagle), die sich an den letzten großen Lachszügen des Jahres gütlich tun. Highlights anderer Art bieten die *Chilkat Dancers*, Tlingit-Indianer, die in traditionellen Trachten und Masken die Tänze ihrer Vorfahren aufführen. *15, 28, 29*

Homer ⑫. «Halibut Fishing Capital of the World», rühmt sich Homer auf der Kenai Penisula gern vollmundig. In dieser selbsternannten «Weltmetropole für das Heilbutt-Angeln» ist denn auch alles auf den Angelsport ausgerichtet. Auf dem *Homer Spit*, einer 8 Kilometer langen Landzunge, wetteifern im Sommer angelbegeisterte Amerikaner Seite an Seite verbissen um den größten Lachs. Dann ist am «Spit» der Teufel los. Wohnmobile säumen die Straßen, Motorlärm von Fischer- und Anglerbooten erfüllt die Luft, kleine Seafood-Läden bieten die lecker zubereiteten Meeresköstlichkeiten an.
Nicht nur das Geld hobbyangelnder Touristen füllt die Kassen der Stadtväter, sondern vor allem die bedeutende Fischindustrie, die hier nicht nur mit einer großen Fangflotte, sondern auch mit fischverarbeitender Industrie ansässig ist. Die Fähren des Alaska Marine Highway verbinden Homer mit *Valdez* und *Kodiak*.

Juneau ⑬. Sie ist die einzige Hauptstadt eines US-Bundesstaats, die nicht auf einer Straße zu erreichen ist. Doch damit kann Juneau gut leben. Die Fähren des Alaska Marine Highway verkehren zügig und regelmäßig (von *Skagway* im Norden oder *Bellingham/Washington State* im Süden). So wird selbst die Anfahrt in die 29 000 Einwohner kleine Hauptstadt zum Reisegenuß. Selbstverständlich verbinden auch Flugzeuge Juneau mit den großen Orten Alaskas.
Die Lage der Stadt am Fuß des *Mount Juneau* ist reizvoll, was vom klotzigen Zweckbau des *Federal Building* nicht gerade behauptet werden kann. Doch dafür entschädigt der Blick von der Dachterrasse dieses Verwaltungsgebäudes der Bundesregierung auf den als *Gastineau Channel* bezeichneten Meeresarm, an dem sich die Stadt erstreckt. Das alte Viertel von Juneau läßt sich bequem zu Fuß erschließen; dabei sollte man in den zahlreichen Andenkenläden auf Souvenirjagd gehen oder dem lohnenswerten *Alaska State Museum* in der Whittier Street einen Besuch abstatten. Neben Ausstellungen über die Tierwelt Alaskas (unter anderem Nistbaum eines Weißkopfseeadlers) vermittelt das Museum einen hervorragenden Einblick in die Kultur der Ureinwohner, die Zeit der russischen Pelzhändler

«BÄRENETIKETTE»

- Niemals im Zelt kochen oder essen. Essensdünste locken Bären auch noch nach Tagen an.
- In einer Gruppe wandern und laute Geräusche machen (Händeklatschen). Man kann sich auch eine Glocke ans Hosenbein nähen.
- Von Beerensträuchern und Tierkadavern fernhalten.
- Frische Bärenlosung auf dem Pfad ist Anlaß zu größter Vorsicht.
- Höchste Alarmstufe bei Muttertieren mit Jungen. Unbedingt meiden!
- Die Menstruation hat bereits Bärenangriffe ausgelöst. Frauen sollten während dieser Zeit besonders umsichtig sein.
- Niemals angesichts eines Bären davonlaufen. Das regt in ihm den Jagdinstinkt.
- Duftende Kosmetika wie Parfum, Haarsprays und Seifen möglichst meiden. Auch Bären mögen den Geruch!

6

Ein kleiner Flugplatz im Denali National Park macht die Gegend um den Mount McKinley leichter zugänglich.

bis hin zur Gegenwart des 49. US-Bundesstaats. Juneaus beliebteste Ausflugsadresse ist der *Mendenhall Glacier*, 21 Kilometer von der Innenstadt entfernt. Der 20 Kilometer lange Gletscher endet am *Mendenhall Lake*, an dem sich ein sehr informatives *Besucherzentrum* befindet.

Ketchikan ⑭. Die südlichste Stadt Alaskas ist mit etwa 15 000 Einwohnern – nach Anchorage, Fairbanks und Juneau – die viertgrößte. Für den Reisenden, der mit «Blauen Kanus», den staatlichen Fähren, durch die *Inside Passage* nach Norden zieht, wird sie zur ersten Begegnung mit dem 49. Bundesstaat. Zünftig ist sie allemal. Da erfüllt das Hämmern von Wasserflugzeugen die Luft, und neben Hauseingängen dümpeln vertäute Maschinen im Wasser. Ausgesprochen spektakulär ist auch die fjordartige Landschaft, durch die sich schneeweiße Kreuzfahrtschiffe schieben. Der Name Ketchikan stammt von den Tlingit-Indianern, die den hier fließenden Creek als «Kitschk-hin» («rauschende Flügel eines Adlers») bezeichneten. Wer im Sommer im Stadtzentrum auf der Brücke über dem Creek steht, traut seinen Augen nicht: Abertausende Lachsleiber schieben sich Seite an Seite durchs glasklare Wasser. 1886 entstand hier die erste Lachsverarbeitungsfabrik. Doch ungezügelter Fischfang strafte die Menschen: In den vierziger Jahren gingen die Fischbestände drastisch zurück. Heute gibt es nur noch vier fischverarbeitende Fabriken. Nirgendwo sonst in Alaska erlebt der Besucher eine solche Fülle kunstvoll geschnitzter Totempfähle wie in Ketchikan: Dreiunddreißig Totempfähle aus verlassenen Tlingit- und Haida-Dörfern wurden im *Totem Heritage Center* wiedererrichtet. Unbedingt besuchenswert ist auch der *Totempark* mit 13 Pfählen und einem kunstvoll geschnitzten *Potlatch-Haus* (Versammlungshaus) in der *Totem-Bucht*.

DIE ÖLKATASTROPHE DER «EXXON VALDEZ»

Es war ein Karfreitag, der 24. März 1989, genau 25 Jahre nach Alaskas «Karfreitag-Erdbeben», als der Supertanker «Exxon Valdez» auf das Bligh-Riff im Prince William Sound lief. Fast fünfzig Millionen Liter Rohöl flossen ins Meer. Zweitausend Kilometer Ufer wurden mit einer für die Tierwelt tödlichen Ölschicht bedeckt. Unter anderem kamen 5000 Seeotter und 400 000 Seevögel ums Leben.
Über Nacht stieg die Einwohnerzahl von Valdez von 4000 auf 10 000. Die größte und teuerste Naturrettungsaktion in der Geschichte Amerikas begann. Zur Spitzenzeit waren unter Aufsicht der US-Küstenwache zeitgleich 1400 Schiffe, 85 Flugzeuge und 12 000 Menschen im Einsatz. Bis 1991 zogen sich die Aufräumarbeiten hin. Heute hat sich die Natur offensichtlich erholt – und ein modernes Spezialboot zum Absaugen von Öl patrouilliert in der Bucht.

Im Inselgewirr der Inside Passage ersetzen Fähren und Kreuzfahrtschiffe Highways und Straßen. Hier bei Juneau.

Kodiak Island ⑮. (Siehe Seite 30.)

Kotzebue ⑯. Bäume sucht man hier vergebens. Die knapp 3000 Einwohner zählende Stadt liegt etwa 40 Kilometer nördlich des Polarkreises in baumloser Tundra am Rand einer als Norton Sound bezeichneten Bucht des Beringmeers. Ab Anfang Juni geht hier die Sonne nicht mehr unter. Der Winter zeigt das andere Extrem: Erst zwischen Mitte Mai und Mitte Juni bricht das Eis des Beringmeers auf. Wer dieses faszinierende Naturschauspiel erleben will, erreicht Kotzebue mit täglichen Linienflügen von Fairbanks, Nome oder Anchorage. Mit Buschflugzeugen läßt sich von hier aus individuell das Hinterland erforschen. Zwei kleine Museen lohnen auch im Ort selbst den Besuch: Im *Ootukahkuktukvik-Museum* («Platz mit vielen alten Dingen») sind unter anderem alte Masken, Walfangharpunen und Elfenbeinschnitzereien aus dem Besitz örtlicher Eskimo-Familien zu sehen. Ebenfalls besuchenswert ist das *Nana Museum of the Arctic* mit Ausstellungen über die nördliche Küstenregion.

Malaspina Glacier ⑰. Er ist der flächenmäßig größte Gletscher Nordamerikas. In den unzugänglichen St. Elias Mountains beginnt er, um sich über 2200 Quadratkilometer zwischen Yakutat Bay und Icy Bay im Südosten zu erstrecken. Damit ist er rund ein Drittel größer als der Bering Glacier, der dagegen mit einer Länge von rund 200 Kilometern der längste Gletscher Alaskas ist.

Nome ⑱. Der Goldgräberort von 1898 (siehe Seite 60) mauserte sich zum kommerziellen wie auch zum Verwaltungszentrum des hohen Nordwestens. Von hier aus werden die entlegenen Eskimo-Gemeinden und Camps der Minengesellschaft angeflogen. Mit 3500 Einwohnern hat Nome, unmittelbar am Rand des Beringmeers gelegen, für «Busch-Alaska» bereits eine bemerkenswerte Größe. Jedes Jahr im März vervielfacht sich allerdings diese Zahl, wenn Besucher aus aller Welt kommen, um die Hundeschlittenteams des *Iditarod-Rennens* nach 1860 Kilometern Strecke durchs Ziel laufen zu sehen. Zeitgleich findet mit dem *Bering Sea Ice Classic*

Bei Haines in Südostalaska mündet diese «Gletscher-Autobahn» ins Meer.

eines der ungewöhnlichsten Golfturniere auf der Eisdecke des Beringmeers statt. Nome, das mit Linienflugzeugen von Anchorage aus erreicht wird, ist auch Ausgangspunkt für Flugexkursionen nach Sibirien.

Petersburg (19). Die Szenerie scheint aus einem Gemälde zu stammen: schneebedeckte Bergspitzen, blauschimmernde Gletscher, hohe Wälder, die die schmale Schiffahrtsstraße der Wrangell Narrows säumen, Weißkopfseeadler, die zu Dutzenden in den Bäumen sitzen, und dann plötzlich ein Schild «Velkommen to Petersburg/Alaska».
Weder russische Pelzhändler noch Gold, weder Indianer noch Erdöl standen bei der Gründung dieser verträumt gelegenen Kleinstadt Pate. Es war 1897, als ein Norweger namens Peter Buschmann hier eine Verarbeitungsanlage für Lachse baute. Die Geschäfte gingen gut. Andere Landsleute folgten ihm. Heute trägt Petersburg, das immer noch gut vom Fischfang lebt, den Spitznamen «Little Norway». Das dient natürlich auch dem Tourismus, und so tragen viele der hübschen, farbigen Holzhäuser norwegische Aufschriften und Malereien. Wer mit einem der kostengünstigen Fährschiffe anreist, sollte seine Fahrt hier unbedingt unterbrechen, auch, um einen Flug zum Le Conte Glacier zu unternehmen.

In Alaskas Hauptstadt Juneau treffen moderne Bauten auf Holzhäuser aus der Pionierzeit.

Haines ist eine gepflegte Kleinstadt inmitten einer grandiosen Bergwelt. In der Bildmitte ist das alte Fort William Henry Seward zu erkennen.

Prince William Sound (20). Seit März 1989 kennt fast jeder den Namen dieser Bucht – seit der 300 Meter lange Supertanker Exxon Valdez (siehe Text auf der gegenüberliegenden Seite) auf ein Riff gelaufen war und damit die verheerendste Ölpest in der Geschichte Alaskas verursacht hatte. Heute hat sich der Prince William Sound von der Öko-Katastrophe erholt. Besucher können sich davon überzeugen; Ausflugsboote bringen sie zu den zahlreichen Walen, Seeottern, Seelöwen und -hunden. Eine der Hauptattraktionen ist der *Columbia Glacier*. John Muir, Amerikas wohl bedeutendster Naturschützer, hatte 1901 den Prince William Sound erstmals in einem kleinen Boot erforscht und geschwärmt: «[...] eine der prächtigsten Berglandschaften [...], die ich je gesehen habe.»
Das Städtchen *Valdez* ist ein geeignetes Sprungbrett für diese Landschaft. 1898 war es als Hafenstadt für Tausende von Glücksrittern gegründet worden, die von hier zu den Klondike-Goldfeldern zogen. 1964 war Valdez eine der am stärksten erdbebengeschädigten Städte, woraufhin es komplett um einige Kilometer verlegt und neu aufgebaut wurde. Neben der Tatsache, daß es Endpunkt und Verladehafen für das Öl aus der Alaska Pipeline ist, setzt Valdez Maßstäbe für Schneerekorde. Im Januar 1990 fielen an einem Tag 1,2 Meter Schnee!

Seward (21). Gern wird der 3000 Einwohner zählende Ort als «Tor zum Kenai Fjords National Park» apostrophiert. Seine malerische Lage entlang der ganzjährig eisfreien Resurrection Bay auf der Ostseite der Kenai-Halbinsel bietet beste Voraussetzungen für das, was die meisten hier erwarten: den selbstgeangelten Fisch in Rekordgröße. So ist dann auch im Zentrum des Ortes mit dem Ambiente eines Pionierdorfs ein mannshohes Gerüst zu bewundern, an dem sich jeder mit seinem Fang (ein kapitaler Heilbutt bringt durchaus an die 300 Pfund auf die Waage) ablichten lassen kann.
Die nennenswerten Angelwettkämpfe finden im Rahmen des *Halibut Derby* im Juni statt. Beim Wettfischen um den größten Lachs liegt die Prämie bei 10 000 Dollar.
Seward trägt den Namen jenes Mannes, der entscheidend zum Kauf Alaskas durch die USA beitrug: Außenminister William H. Seward. Jedes Jahr am 4. Juli, dem amerikanischen Unabhängigkeitstag, treffen sich hier rund siebenhundert Athleten, um den tausend Meter hohen *Mt. Marathon* im Dauerlauf zu «besteigen». Die Rekordzeit für Auf- und Abstieg liegt bei einer Dreiviertelstunde. Das sportliche Ereignis wird zum Volksfest.

Sitka (22). (Siehe Seite 88.)

Skagway (23). Die Statistik klingt nüchtern: siebenhundert Einwohner, Lage am nordwestlichen Ende der als *Lynn Channel* bezeichneten Bucht der *Inside Passage* – 145 Kilometer nordwestlich von Juneau.
Ein knappes Jahrhundert ist es her, daß sich in Skagway mehr Menschen ballten als irgendwo sonst im nordwestlichen Amerika. Der Ort wurde 1898 zum wichtigsten Hafen für Goldsucher, die via Yukon River zum Klondike-Gold strömten. Der beste Platz, um diese wilde Zeit Revue passieren zu lassen, ist das *Klondike Goldrush National Historic Park Visitor Center* mitten im Ort am *Broadway*. Die heute von Touristen belebte Straße wird gesäumt von historischen Gebäuden, der *Arctic Brotherhood Hall* von 1899 zum Beispiel, deren Front mit mehr als 10 000 Treibholzstücken verziert ist. Einen Besuch lohnt auch der *Goldrausch-Friedhof* 2 Kilometer außerhalb der Stadt. Hier liegen der «Gute», Frank Reid, und der «Böse», der Bandit Soapy Smith, die sich gegenseitig bei einer legendären Schießerei umbrachten.

Blick auf die Weite des Denali National Park. Der Indian Summer kündigt sich an, die Blätter beginnen sich zu verfärben.

Der geschichtsträchtigste Pfad der Gegend ist der *Chilkoot Trail*, auf dem sich die Goldsucher einst schwerbepackt in Richtung Kanada voranquälten. Heute ist die 53 Kilometer lange Strecke leicht in vier bis fünf Tagen Bergwanderung zu meistern. Auf Schritt und Tritt stößt man dabei auf Relikte der Goldrauschzeit; zum Beispiel auf durchlöcherte Schuhe oder zur Marscherleichterung fortgeworfene gußeiserne Öfen. Mit einem Zug der *White Pass & Yukon Route* kann dann bequem die Rückreise von *Lake Bennett* nach Skagway angetreten werden.

Tok ㉔. Seine zentrale Lage an der Schnittstelle von Glenn Taylor Highway und Alaska Highway machen das nur ein paar hundert Einwohner zählende Dorf nicht nur für Touristen, sondern auch für die Athabasca-Indianer des weiträumigen Hinterlands zu einer wichtigen Anlauf- und Tankstelle. So beschränkt sich der Reiz des Straßendorfs vor allem auf sein üppiges Angebot an Zapfsäulen und Restaurants. Da gibt es beispielsweise Spezialitäten wie «Alaska Burger» oder «Grizzly Burger». Als eines der Zentren der Husky-Zucht nennt man Tok auch «Dog Capital of Alaska». Im März, wenn die Tage länger und die Strahlen der Sonne wärmer werden, wird hier das *Tok-Race-of-Champions-Hundeschlittenrennen* ausgetragen.

DIE SCHÖNSTEN NATIONALPARKS

Aniakchak National Monument ㉕. Etwa dort, wo die Alaska Peninsula in die Inselkette der Aleuten übergeht, erzitterte nach der letzten Eiszeit die Erde. Der gewaltige Vulkan Aniakchak stürzte nach einer Eruption ein. Doch was davon übrigblieb, fasziniert noch immer: ein Kraterrand mit einem Durchmesser von 10 Kilometern. 1931 erfolgte der letzte Vulkanausbruch. Der als *Surprise Lake* bezeichnete Kratersee wird noch immer von heißen Quellen gespeist, was Buschpiloten allerdings nicht hindert, mit Wasserflugzeugen auf ihm zu landen.

Denali National Park ㉖. Der über den George Parks Highway bequem erreichbare Denali National Park (24 282 qkm) ist unbestritten die Nummer eins in der Gunst der Alaskareisenden. Begehrtestes Fotomotiv ist der *Mount McKinley*, mit einer Höhe von 6194 Metern Nordamerikas höchster Berg. Zugang in das Parkzentrum besteht grundsätzlich nur mit dem seit 1995 kostenpflichtigen Pendelbus (Shuttle Bus).

Für die Hin- und Rückfahrt zum *Wonder Lake*, etwa dem Endpunkt der öffentlichen Straße, sind zwölf Stunden anzusetzen. Nur von Mitte Mai bis Mitte September verkehren die Busse. Während der langen Wintermonate ist der Nationalpark ein beliebtes Ziel für Musher (Schlittenhundeführer) mit ihren Gespannen. Die beiden Besucherzentren, am Parkeingang und das *Eielson Visitor Center* mit Panoramablick auf den Mount McKinley in der Parkmitte, bieten die für alle amerikanischen Nationalparks typischen hervorragenden Hintergrundinformationen und Ausstellungen. Um den Wildnischarakter zu erhalten, gibt es im Park nur wenige Zelt-

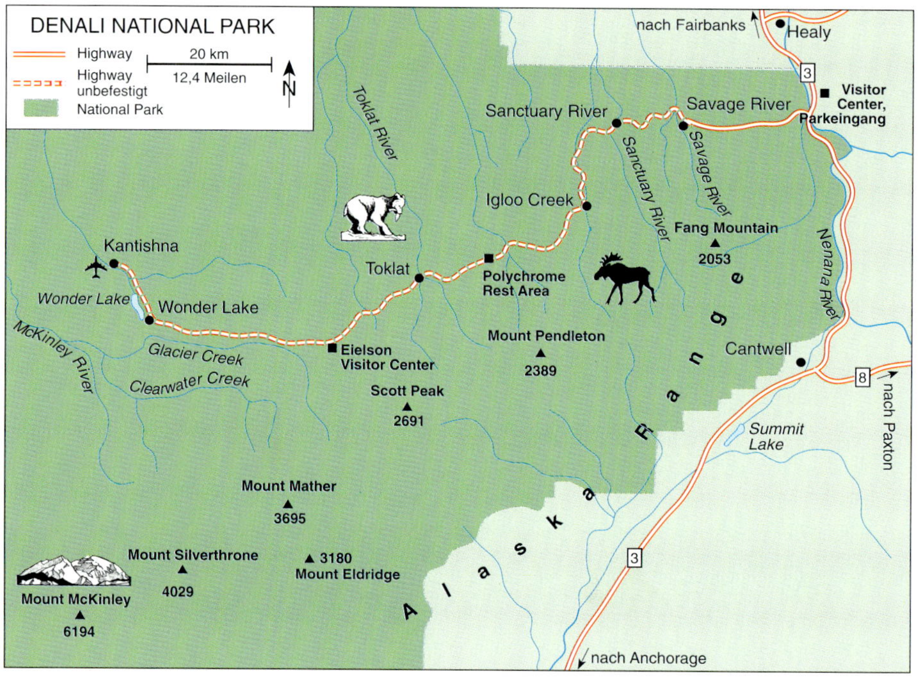

Der Denali National Park ist der meistbesuchte Nationalpark Alaskas. Die Straße vom Parkeingang zum Wonder Lake ist nur mit dem Pendelbus zu befahren. Die Hin- und Rückfahrt nimmt einen guten Tag Zeit in Anspruch.

Für unzählige Meeresvögel sind die fischreichen Küstengewässer Alaskas ein wahres Paradies.

Oben: Einer der Küstengletscher des Kenai Fjords National Park ist der gewaltige Northwestern Glacier.

Rechts: Ein wirkliches Prachtexemplar von Lachs ging diesem Petrijünger an die Leine.

Rechts unten: Eine Karibu-Kuh überquert mit ihrem Kalb den Christochina River in der Nähe des Tok Cut Off Highway.

und Stellplätze für Wohnmobile. In dem unmittelbar am Parkeingang gelegenen Touristenort *Denali Park* hingegen ist jeder Service erhältlich. *2/3, 4/5, 8/9, 10/11, 37, 38, 39, 40/41, 49, 50/51, 78/79*

Glacier Bay National Park ㉗. Wo sich heute das Parkzentrum des rund 13 000 Quadratkilometer großen Nationalparks befindet, bedeckte beim Besuch von Captain James Cook im Jahr 1778 der 160 Kilometer lange *Grand Pacific Glacier* die als *Glacier Bay* bekannte Bucht. Seitdem ist der Gletscher in rasanter Geschwindigkeit auf dem Rückzug: 1916 war er bereits gut hundert Kilometer hinter jenem Punkt, an dem ihn Captain Cook noch bestaunen konnte. Gleichwohl ist die Szenerie noch immer überwältigend. Sechzehn Gletscher gibt es im Park, von denen zwölf «kalben», wobei Eisbrocken bis zur Größe eines Einfamilienhauses ins Meer stürzen. Besonders spektakulär sind die Eislawinen des *Johns Hopkins Glacier*, dem sich vorsichtige Kreuzfahrt-Kapitäne nur bis auf 3 Kilometer nähern.
Auch zahlreiche andere Gletscher wie *Grand Pacific Glacier* oder *Margerie Glacier* sind per Ausflugsboot zu erreichen. Wer hier das überschaubare Abenteuer in einer der wildesten Szenerien auf Erden sucht, sollte still im Kajak durch diese beeindruckende Gebirgswildnis zu Füßen der *Saint Elias Mountains* gleiten. Zugang zum Park besteht unter anderem von *Juneau* und *Skagway*. *12/13, 16, 17, 20/21, 80, 92/93*

Katmai National Park ㉘. Der Ausbruch des Vulkans Novarupta, in dessen Folge 1912 der nahegelegene Katmai-Vulkan zerbarst, war einer der gewaltigsten in der jüngsten Geschichte unserer Erde.
Als Rauch und Dämpfe sich von der Alaska Peninsula, südwestlich vom heutigen Anchorage, verzogen hatten, blieb eine geisterhafte Landschaft zurück, die von einer 200 Meter dicken Ascheschicht bedeckt war. Forscher bezeichneten dieses Tal am *Mount Katmai* als *Valley of 10 000 Smokes* (Tal der 10 000 Rauchsäulen). In Wirklichkeit waren es Dämpfe aus dem Erdinneren, die so heiß waren, daß sogar Zink schmolz. Die Fumarolen dampfen heute längst nicht mehr, doch geisterhaft ist die Landschaft noch immer. Eine andere Attraktion ist die außergewöhnlich große Konzentration riesiger Braunbären an den *Brooks Falls* unweit des Parkzentrums *Brooks Camp*. Hier zehn riesige Küstenbraunbären gleichzeitig nur ein paar Schritte entfernt Lachse fressen zu sehen, ist keine Seltenheit.

Kenai Fjords National Park ㉙. Die *Kenai Peninsula* westlich von *Seward* ist eine der schneereichsten Regionen Alaskas. Während eines Winters fallen hier unglaubliche 10 bis 20 Meter Schnee!
Im Lauf der Zeit entstand so eines der größten Eisfelder Nordwest-Amerikas, das *Harding Icefield*. Erst Anfang dieses Jahrhunderts wurde es von Weißen entdeckt, als diese Verbindungswege von der Küste Richtung Inland suchten. Heute führt eine gut ausgebaute Asphaltstraße bis unmittelbar an den *Exit Glacier*, von wo häufig begangene Wanderwege zum Eisfeld hinaufführen.
Beliebt sind auch Schiffstörns von Seward aus durch die fisch- und robbenreiche Fjordwelt des Nationalparks. Das Erdbeben von 1964 drückte auch dieser Region seinen Stempel auf. Ganze Landstriche sanken bis zu 3 Meter tiefer und wurden vom Meer überflutet. *16, 17, 77*

Kobuk Valley National Park ㉚. Das trockene, kalte Klima im Tal des arktischen *Kobuk River* östlich von *Kotzebue* ähnelt – wie auch die Vegetation dort – jener prähistorischen Zeit, als eine Landbrücke Asien mit Amerika verband. Forscher fanden Beweise dafür, daß in dieser Gegend bereits vor mehr als 12 000 Jahren Menschen lebten und ihr Auskommen fanden. Die sonst eher unwirtliche Natur verwöhnt deren Nachfahren auch heute noch reich mit Nahrung. An einer als *Onion Portage* bezeichneten Furt zum Beispiel überqueren riesige Karibuherden den Kobuk River. Außergewöhnlich ist hier auch ein 65 Quadratkilometer großes Dünengebiet, in dem die Sommertemperaturen nicht selten die 30-Grad-Marke überschreiten. Der Kobuk River, ein reiner und unverfälschter Wildnisfluß, ist bei unternehmungslustigen Paddlern sehr beliebt.

In der Ferne blinken die Schneegipfel der Wrangell Mountains, im Vordergrund erstreckt sich das Tetlin National Wildlife Refuge.

Lake Clark National Park ㉛. Wo sich die Berge der Alaska Range und der Aleutian Range treffen, liegen die »Alaskanischen Alpen«. So bezeichnet man gern jene Region um den 80 Kilometer langen *Lake Clark*. Bizarr geformte Bergspitzen, zwei aktive Vulkane und Hunderte Wasserfälle machen die Region für Outdoor-Enthusiasten zur Bilderbuchwildnis mit vielen Möglichkeiten. Es gibt zahlreiche Wanderrouten und glasklare befahrbare Flüsse der unterschiedlichsten Schwierigkeitsgrade. Mit Charterflugzeugen ist der Nationalpark von Anchorage aus schnell erreicht.

Sitka National Historical Park ㉜. Tlingit-Küstenindianer bezeichneten die Region an der Westflanke des alaskanischen Panhandle in Sichtweite des perfekt geformten Vulkans *Mount Edgecumbe* als »Shee Atika«. Als russische Pelzhändler 1799 unter Führung des legendären »Pelzbarons« Alexander Baranof auf der Suche nach neuen Pelzpfründen von Kodiak Island kommend eintrafen, bauten sie hier ihr Fort St. Michael. Doch die Tlingit überfielen den Pelzhandelsposten und brandschatzten ihn. 1804 kehrte Baranof zurück. Es kam zur entscheidenden Schlacht, dann hatte er sein Ziel erreicht: Die Indianer verließen Shee Atika. Vier Jahre später wurde an gleicher Stelle Neu Archangel (später Sitka) als Hauptstadt Russisch-Alaskas gegründet. Für ein halbes Jahrhundert war Sitka wirtschaftliches wie auch kulturelles Zentrum Alaskas.
Dieser historische Platz ist heute der kleinste Nationalpark Alaskas. Zu sehen sind ausdrucksvolle *Totempfähle*, das restaurierte Haus des russischen Bischofs von 1842 und das Schlachtfeld von 1804. Am *Castle Hill* kann man sich an den 18. Oktober 1867 zurückerinnern, als hier jene Zeremonie vollzogen wurde, mit der Alaska aus dem Eigentum des russischen Zaren in das der USA überging. *25*

Wrangell-St. Elias National Park ㉝. Mit gut 52 000 Quadratkilometern ist dies der größte Nationalpark Alaskas. Unmittelbar im Südosten schließt sich der kanadische Kluane National Park (Yukon Territory) an. Gemeinsam wurden die beiden in die World Heritage List, das Verzeichnis der Kulturdenkmäler und Naturparadiese unter dem Schutz der UNESCO, aufgenommen.
Hier, wo die *Wrangell-St. Elias Mountains* und die *Chugach Mountains* aufeinandertreffen, befindet sich Amerikas größte Konzentration von Gletschern und Gipfeln über 5000 Metern. Der *Mount St. Elias* ist mit 5489 Metern der zweithöchste Berg nach dem *Mount McKinley*, und der *Malaspina Glacier* ist größer als der Bundesstaat Rhode Island. Der Park bietet unberührte Wildnis vom Feinsten, die man allerdings nur gut vorbereitet entdecken sollte. Ausgezeichnete Informationen sind im Parkhauptquartier in *Glennallen* zu bekommen. Mit robusten Fahrzeugen ist der Ort *McCarthy* am Parkrand erreichbar. Von dort führt ein Weg zur geisterhaften *Kennicott Mine*. Unmittelbar dahinter beginnt die Herausforderung für Wanderer und Bergsteiger. *6/7*

KENNICOTT – GEISTERORT UNTER GLETSCHERN

Zwischen 1910 und 1920 setzte die »Kennecott Copper Corporation« einen kompletten Bergwerksort in einen Landstrich, der damals wohl zurecht als einer der unzugänglichsten auf Erden galt. Der Grund waren reiche Kupfervorkommen in der Gebirgswildnis der Wrangell-St. Elias Mountains. In Spitzenzeiten arbeiteten mehr als achthundert Arbeiter in der Mine. Eine Bahnlinie wurde gebaut, dann ein Hafen, in dem das Erz verschifft werden sollte. Daraus entwickelte sich das Städtchen Cordova. Weit mehr als eine halbe Million Tonnen Kupfererz wurde aus der Erde geholt. Als man schließlich 1938 den Betrieb einstellte, schloß man nur die noch immer eingerichteten und betriebsfertigen Gebäude ab, fast so, als wolle man bald wiederkehren. Doch Kennicott wurde zu einem der malerischten Geisterorte Alaskas.

Yukon/Charley Rivers National Preserve ㉞. Der Unterschied zwischen den beiden namengebenden Flüssen könnte kaum größer sein: ausladend und angereichert mit Gletscherstaub der *Yukon River*, kristallklar und schmal der *Charley River*. Zwischen den Goldrausch-Boomtowns *Eagle* und *Circle* vereinen sie sich unter dem Namen des größeren. Die Flußufer sind beliebte Nistgebiete für zahllose Vögel, darunter mehrere Falkenarten. Die großartige Wasserwildnis sollte nach Möglichkeit im Kanu erforscht werden. Beide Gewässer sind beliebte Wanderflüsse von geringem Schwierigkeitsgrad, an deren Rändern man oft Relikten der Goldrauschzeit begegnet. Die Campingmöglichkeiten sind vor allem nach dem Sinken des Frühjahrshochwassers unbegrenzt.

Der Glenn Highway führt von Anchorage quer durch das fruchtbare Matanuska-Tal und den Tok Cut Off Highway nach Tok am Alaska Highway.

Im gemütlichen «Saloon des heulenden Hundes» (Howling Dog Saloon) in Fox nahe Fairbanks. Hier findet man schnell Anschluß.

FRATERNITY
MONA
Bob says DRINK Coors
PETER'S
GUNGA
PANS D RULE!
THANK YOU!!
I will live
WALTON
MINING
RBANKS, ALASKA
vate Carrier
Buy AMERICAN
NO TABS
Miller
Jägermeister

Vor der «Glacier Bay Lodge» bei Bartlett Cove liegen Motorboote vor Anker, die zu einer Rundtour einladen.

Nur 80 Kilometer von Anchorage entfernt liegt der häufig besuchte Portage Glacier mit dem gleichnamigen See.

ZUR SCHNELLEN ORIENTIERUNG – STICHWORTVERZEICHNIS

Kursive Seitenzahlen verweisen auf Abbildungen.

Kurzer Zwischenstopp bei bestem Wetter im Denali National Park.

Unterwegs in der Fjordlandschaft des Kenai Fjords National Park.

Buckelwal vor der Küste des Kenai Fjords National Park.

TEXTNACHWEIS

Seite 1: Jack London, Goldsucher, München, Verlag Herrnberger KG, Seite 115.

BILDNACHWEIS

Bildarchiv Preußischer Kulturbesitz, Berlin: S. 60 u.l.

Eberhard Brunner, Anchorage, Alaska: S. 8, 36 u., 37 u., 43 o., 56/57, 63, 68, 71, 72 u., 73 o., 74 r. (2), 82 o. und u.r. (2), 86 u., 87 r.M.

Corbis-Bettmann, New York: S. 60 o., 60/61, 61 u., 76 (2).

Interfoto, München: S. 70 (4).

Roland E. Jung, Bad Sassendorf: S. 30 (3), 48 (3), 74 u., 75 o.

Dieter Kreutzkamp, Bad Münder: S. 81 (3).

Special Collections, University of Washington Libraries: S. 60 r.u.

Yukon Archives, Whitehorse, Kanada: S. 61 o.

Alle übrigen Abbildungen stammen von Christian Heeb.
Der Fotograf dankt der Swissair für die Hilfe bei der Erarbeitung des Bildmaterials sowie Holiday Inn Worldwide für die freundliche Unterstützung.

Seite 1: Schwarzbär in Südalaska.

Die Karten auf den Seiten 30, 69, 71 und 86 zeichnete Astrid Fischer-Leitl, München; die Kartenpiktogramme stammen von Almud Kunert, München.

Die meteorologischen Daten der Klimatabelle auf Seite 70 lieferte der Deutsche Wetterdienst, Seewetteramt Hamburg.

Wir danken allen Rechteinhabern und Verlagen für die Erlaubnis zu Nachdruck und Abbildung. Trotz intensiver Bemühungen war es nicht möglich, alle Rechteinhaber zu ermitteln. Wir bitten diese, sich an den Verlag zu wenden.

Alle Angaben dieses Bandes wurden vom Autor sorgfältig recherchiert und vom Verlag auf Stimmigkeit und Aktualität geprüft. Allerdings kann keine Haftung für die Richtigkeit der Informationen übernommen werden. Für Hinweise und Anregungen sind wir jederzeit dankbar. Zuschriften bitte an Verlag C. J. Bucher GmbH & Co. KG, Lektorat, Goethestraße 43, 80336 München.

EDITION USA · TRAUMZIEL AMERIKA
ALASKA: Pionierland am Polarkreis

Konzeption: Axel Schenck
Lektorat: Georg Hohenester
Bildgestaltung: Joachim Hellmuth
Bilddokumentation: Ulrich Reißer
Graphische Gestaltung: H. Leonhard Guha
Herstellung: Angelika Kerscher, Kristina Kaiser

Technische Produktion:
Fotosatz, DTP im Hause; Repro Ludwig, A - Zell am See; Passavia, Passau

Printed and bound in Germany
ISBN 3 7658 1123 8

Christian Heeb, 1962 in St. Gallen geboren, arbeitet als Reisefotograf für Magazine und Buchverlage. Er ist Bildautor von über fünfzig Büchern, im Verlag C. J. Bucher u.a. aller Bände der Edition USA und des Länderbands «USA». Er lebt in Bend, Oregon, USA und St. Gallen, Schweiz.

Dieter Kreutzkamp, 1946 geboren, arbeitet nebenberuflich als Reisejournalist, Fotograf und Autor. Seine Vorliebe gilt Alaska, wo er mehrere Jahre lebte. Er verfaßte Bücher über die USA, über Australien, Neuseeland und Namibia sowie Beiträge für Fernsehanstalten und Magazine.

Ebenfalls in dieser Reihe erschienen:

Amerika in exklusiven Panoramabildbänden:

Der große Länderband über die USA:

WASHINGTON
MONTANA
NORTH D
OREGON
IDAHO
SOUTH DA
WYOMING
NEB
NEVADA
UTAH
COLORADO
CALIFORNIA
ARIZONA
NEW MEXICO
ALASKA
HAWAII